Auxiliando a humanidade a encontrar a Verdade

Os Cristais Mágicos

© 2011 – Conhecimento Editorial Ltda

Os Cristais Mágicos

Carlos Eduardo Cavalini

Todos os direitos desta edição
reservados à
CONHECIMENTO EDITORIAL LTDA.
Rua Prof. Paulo Chaves, 276 - Vila Teixeira Marques
CEP 13480-970 – Limeira – SP
Fone/Fax: 19 3451-5440
www.edconhecimento.com.br
vendas@edconhecimento.com.br

Nos termos da lei que resguarda os direitos autorais,
é proibida a reprodução total ou parcial, de qualquer
forma ou por qualquer meio – eletrônico ou mecânico,
inclusive por processos xerográficos, de fotocópia e de
gravação –, sem permissão, por escrito, do Editor.

Revisão: Mariléa de Castro
Projeto Gráfico: Sérgio Carvalho
Ilustração da Capa: Mário Diniz

ISBN 978-85-7618-249-8 – 1ª Edição - 2011

• Impresso no Brasil • Presita en Brazilo

Produzido no departamento gráfico da

CONHECIMENTO EDITORIAL LTDA
Fone: 19 3451-5440
e-mail: conhecimento@edconhecimento.com.br

Dados Internacionais de Catalogação na Publicação (CIP)
(Câmara Brasileira do Livro, SP, Brasil)

Cavalini, Carlos Eduardo
  Os Cristais Mágicos / Carlos Eduardo Cavalini. – Limeira, SP : Editora do Conhecimento, 2011.

  ISBN 978-85-7618-249-8
  1. Espiritismo 2. Romance espírita 3. I. Título

11-11770   CDD – 133.9

Índices para catálogo sistemático:
1. Romance espírita : Espiritismo : 133.9

Carlos Eduardo Cavalini

Os Cristais Mágicos

1ª edição
2011

Capítulo 1

Dizem que cada um tem aquilo que merece.

Por mais que eu me esforçasse, não conseguia entender o real significado desta frase. Durante toda a vida eu procurei ser uma boa pessoa. Fiz o que pude para ser um bom filho, um bom amigo, um bom namorado. É claro que ninguém é perfeito o tempo inteiro, mas acredito que consegui cumprir fielmente o que a sociedade qualifica de "pessoa de bem".

No entanto, o meu "andar nos eixos" não tinha sido suficiente para me garantir o que eu julgava ser merecedor. Durante certo tempo, as coisas até que estavam indo bem. Eu me considerava um cara de sorte. César e eu éramos sócios de uma pequena firma de embalagens e o negócio ia de vento em popa. Não dávamos conta do excesso de trabalho e, às vezes, saíamos bem tarde da empresa, tentando adiantar o expediente do dia seguinte. Não podia reclamar, nunca havia ganhado tanto dinheiro antes. Para completar a minha felicidade, tinha ao meu lado uma namorada maravilhosa – pelo menos era o que eu imaginava até o presente momento. Tinha conhecido Cibele havia um ano, mais ou menos na época em que comecei o negócio das embalagens com o César.

Coincidência? Agora sei que não. Mas eu estava cego, apaixonado por uma mulher encantadora e me deixei levar pela sua sensualidade. O fato é que depois de seis meses eu a levei para morar comigo em um apartamento que tinha acabado de alugar. Como disse anteriormente, estava feliz, vivendo a melhor fase de minha vida. Foi então que me vi envolvido numa grande farsa. Em pouco tempo, tudo desmoronou. Lembro-me daquele dia como se fosse hoje. É engraçado como algumas coisas persistem em nossa memória por longo tempo, mesmo fazendo o possível para esquecê-las.

Cheguei em casa e, como de costume, fui até a cozinha beber um copo d'água. Em cima da mesa encontrei o celular da Cibele e um bilhete. Achei aquilo bastante estranho. Segurei o bilhete nas mãos, lendo as seguintes palavras:

> Samuel, espero que um dia você possa me perdoar. Acho que nunca mais nos veremos. Quero que saiba que neste tempo que passamos juntos aprendi a admirar você pelo seu caráter. É por isso mesmo que escrevo agora este bilhete. Por favor, não vá até a firma amanhã. Sei que não vai acreditar no que vou dizer. Peço então que, antes de mais nada, confira a documentação da empresa com um advogado. César a vendeu. Amanhã, seu novo dono irá tomar posse e não é bom que você esteja lá. Quanto a mim, o que tenho a dizer é que NÃO ME PROCURE, pois estou saindo por minha vontade. César e eu estamos juntos há muito tempo. Desculpe!
>
> Cibele

O que era aquilo, afinal de contas? Só podia ser uma brincadeira de mau gosto da Cibele. Sem pensar muito, larguei o bilhete ao chão e saí pela casa chamando:

– Cibele! Cibele! Você está aí? Vamos, pare de brincar; isso não é engraçado.

Verifiquei cômodo por cômodo e nada. Ela não estava em casa. Subitamente comecei a sentir uma tontura e tive que me segurar na cabeceira da cama para não cair. Meu coração disparou e entrei em pânico. Voltei rapidamente para a cozinha e novamente li o bilhete. Meus olhos passavam pelas palavras e eu não podia acreditar no que estava acontecendo. Devia ser tudo um engano. Logo Cibele entraria por aquela porta e ficaríamos bem. Mas isso não aconteceu. Fiquei mais de uma hora sentado no sofá com o papel entre as mãos tentando me convencer de que aquilo era mesmo verdade.

Dois dias antes, César havia viajado para o Sul, com o intuito de fechar um negócio com uma empresa de lá. Tentei ligar diversas vezes para seu celular e só caía na caixa postal. Se César realmente tinha vendido a firma, então ele fez tudo bem pensado. Mas eu ainda estava relutante em aceitar que meu amigo havia me passado para trás e, pior, roubado a mulher da minha vida. Ele parecia ser uma pessoa tão decente, jamais me dera um único motivo para que eu desconfiasse dele.

Procurando deixar a emoção de lado, raciocinei friamente e cheguei à conclusão de que César não poderia ter vendido a firma sem a minha assinatura. Pensando daquele modo, respirei aliviado. Se a empresa não ficasse tão longe, teria pego o carro e ido até lá naquele mesmo momento. Hoje, penso que a distância da empresa era uma desculpa que eu dava a mim mesmo. Acho que eu, inconscientemente, ainda tinha esperança de que Cibele retornasse naquela noite. De qualquer forma, resolvi que no dia seguinte sairia mais cedo de casa e conferiria os documentos que ficavam guardados no cofre da empresa.

Não consegui dormir. A todo instante vinha-me à mente o rosto da Cibele e as lembranças do que tínhamos vivido juntos. Mas agora não tinha mais certeza de nada. Não sabia se o que eu estava vivendo era realidade ou pesadelo.

Nem esperei o dia clarear e me dirigi para e empresa. Desejava desvendar o mais rápido possível aquele mal-entendido. Peguei a pasta de documentos de dentro do cofre e repassei folha por folha. No meio das páginas encontrei um envelope que

Os Cristais Mágicos

antes não estava lá. Dentro dele havia uma cópia autenticada de uma procuração assinada por mim dando a César total direito sobre a fábrica. Gelei ao ler aquilo. Foi então que eu me lembrei que pouco mais de um mês atrás, meu sócio me havia entregue vários papéis para que eu assinasse. Com certeza aquela procuração se achava entre eles e passou despercebida por mim.

Maldito! Tinha planejado tudo direitinho. Mas isso não iria ficar assim. Tão logo amanhecesse eu procuraria um advogado para anular aquela procuração e tomaria minha empresa de volta.

Estava concentrado naquele pensamento quando escutei um barulho de chaves na porta e vozes ao longe dizendo:

– Até que enfim, Jorge! Estava ansioso para por os pés no meu novo estabelecimento. Foi bom sairmos de casa mais cedo, assim pudemos chegar antes que os funcionários.

Avancei em direção aos dois senhores parados em frente à porta de entrada e falei, fora de mim:

– Seu novo estabelecimento? Mas que palhaçada é essa? Não vendi fábrica alguma, eu fui enganado!

– Calma, rapaz! Vamos conversar – disse o senhor mais velho, um tanto assustado.

– Olha, não sei quem são os senhores, mas a venda desta empresa é ilegal – retruquei.

– Desculpe, mas estamos com toda a documentação aqui e posso lhe garantir que tudo foi realizado na forma da lei – falou o outro senhor, me entregando uma pasta. – Dê uma olhada nisto se tem alguma dúvida.

Os dois senhores se entreolharam e tive a impressão de que estavam pensando: "Este cara é louco, é melhor mostrarmos tudo a ele, assim ele vai embora e evitamos alguma tragédia".

Segurei a pasta e, com muito cuidado, li todos os papéis que nela se encontravam. Enquanto lia, o senhor mais velho perguntou:

– Acho que o senhor deve ser o sócio do César, não é?

Levantei a cabeça, surpreso. Com certeza César havia falado de mim.

– Sim, sou eu mesmo. Como sabe?

– César nos falou sobre o senhor. Disse que estava muito doente e que tinha um grande desejo de vender este lugar. Como não estava mais em condição de trabalhar, havia assinado uma procuração passando os direitos para ele. Há uma cópia dela autenticada no final da pasta.

Folheei rápido as páginas e retirei da pasta uma cópia idêntica da procuração que havia encontrado dentro do cofre.

– Onde está a original? – perguntei.

– Com o César, obviamente. Verificamos a original antes de assinarmos o contrato e ela está em perfeita condição. Ele nos garantiu que o senhor também ficaria com uma cópia.

– Ah sim, claro! – falei, ironicamente. – Com certeza ele estava zombando de mim ao colocar uma cópia desta no cofre, poupando tempo do imbecil aqui.

– Quer dizer então que o senhor não sabia da venda da empresa?

– É claro que não! Fui enganado!

Sentei na poltrona ao lado e afundei a cabeça entre as mãos. Então era verdade! César realmente havia me passado para trás. Até aquele momento ainda tinha uma pontinha de esperança de que tudo fosse uma grande mentira. Mas depois de ouvir a confirmação daqueles senhores, caí em mim. Estava arruinado!

Os senhores continuavam entreolhando-se, sem trocar uma só palavra. A situação era tensa. Então um deles veio até mim e disse:

– Sinto muito, meu rapaz, mas também fomos enganados. O fato é que você perdeu muito mais do que nós. Nós demos dinheiro por esta fábrica e temos tudo legalizado. Infelizmente você terá que acertar as contas com o seu sócio. Sei que estou

Os Cristais Mágicos

9

falando contra mim mesmo, mas sugiro que você busque a opinião de um bom advogado.

Olhei para o senhor parado à minha frente e senti que ele estava com pena de mim. Era sincero.

– Certo. É exatamente isso que vou fazer – disse, levantando-me. – Os senhores não podem levar a culpa disso. Vou embora, não os importunarei mais. Suponho que este documento é apenas uma cópia do original. Será que poderia levá-lo comigo?

Os dois homens mais uma vez trocaram olhares, e o que parecia ter menos idade disse:

– Tudo bem, pode ficar com ele. O original está bem guardado.

– Obrigado. Peço que me desculpem o incômodo – disse, sem esperar resposta e, colocando a pasta embaixo do braço, dei meia volta e saí pela porta principal. Não pude ver a reação dos dois, pois nem sequer olhei para trás.

Não desejava que aqueles homens me vissem chorar como uma criança. Então deixei a fábrica o mais rápido que pude. Entrei no carro e meu único pensamento era procurar alguém que pudesse me ajudar a entender aqueles papéis.

Passei o dia inteiro correndo atrás de advogado. Cheguei a consultar três profissionais da área, bastante renomados. Mas a resposta era sempre a mesma: causa perdida. Não havia nada que eu pudesse fazer. A procuração e o contrato estavam bem claros. Minha assinatura, terrivelmente legível. Mesmo assim, ainda existia uma chance. O último advogado que eu procurara havia me dado o nome de um profissional bastante competente que talvez pudesse me ajudar. Decidi que o procuraria no dia seguinte.

Estava quase anoitecendo quando voltei para casa. Em apenas um dia, minha vida havia se tornado um caos. Joguei os documentos no sofá e saí. Procurando esfriar a cabeça, entrei no carro e comecei a dirigir sem destino. Segui pela rodovia principal, não me importando para que lugar ela fosse me levar.

Capítulo 2

Continuei dirigindo sem rumo. Um turbilhão de pensamentos passava pela minha cabeça. Por que ela tinha feito aquilo comigo? Eu a amei, levei-a para morar comigo, sustentei-a como se fosse a coisa mais preciosa que tivesse. E ela me retribuía daquela forma. Ainda não estava acreditando. Vez ou outra tentava esquivar meu pensamento da realidade e imaginava que talvez Cibele tivesse sido sequestrada e que tudo havia sido um mal-entendido. Mas logo eu me recordava de que ela tinha sido bastante clara: "NÃO ME PROCURE, pois estou saindo por minha vontade".

Já era noite. Mas, que importância tinha? Minha vontade era de acelerar o carro e jogá-lo contra qualquer árvore do caminho. Queria morrer, queria esquecer. Mais uma vez minha índole falou mais alto: eu não era um suicida, não podia tirar minha própria vida daquela maneira. Ia contra os meus princípios.

Estava com fome e com sono. Estava desolado. Foi então que avistei uma parada na rodovia, parecia ser uma lanchonete. Decidi que, depois de quase três horas dirigindo, precisava parar e descansar um pouco. Peguei a faixa da direita e entrei no estacionamento.

Mas, esperem um pouco. Antes de continuar com minha narrativa, faz-se necessário que voltemos alguns anos no passado para que eu relate um episódio de suma importância no desenrolar da história.

Contava eu com treze anos de idade quando algo de muito estranho me aconteceu. Fazia parte dos escoteiros mirins e uma vez por mês saíamos para acampar. Costumávamos partir ao amanhecer e voltar bem de tardezinha. O grupo era formado por doze pessoas, entre crianças e adolescentes, e tínhamos dois instrutores que nos acompanhavam naquilo que chamávamos de "missões", planejando e traçando um roteiro de viagem.

Eu, particularmente, adorava nossos passeios. Esperava ansioso o dia do acampamento. Para mim, eram mágicas aquelas horas que passava com meus colegas desenvolvendo uma série de atividades em contato com a natureza. Aprendíamos a "fazer" fogo sem a ajuda de fósforo ou isqueiro! Realmente, achava aquilo fantástico, embora fosse trabalhoso e gastasse demasiado tempo com aquela tarefa. Mas o resultado compensava e eu tinha a sensação de dever cumprido, de que era capaz de realizar algo por mim mesmo.

Posso dizer que ter entrado para o grupo de escoteiros era algo que me dava orgulho. Guardo boas recordações daquela época.

Foi em uma daquelas excursões que quase perdi a vida. Caminhávamos morro acima procurando um lugar plano para nos assentarmos. Lucas, um dos nossos instrutores, olhou novamente o mapa e disse:

– Bom, pessoal, acredito que falta pouco mais de um quilômetro para alcançarmos a cachoeira. Se ficarmos em silêncio e prestarmos atenção, poderemos ouvir o barulho das águas.

Todos ficamos bastante quietos, tentando escutar o ruído das águas.

– Sim, parece que estou escutando algo – disse meu amigo Caio.

– É a cachoeira! – gritamos juntos. – Olha! Estamos chegando!

– Calma, pessoal, não se exaltem, permaneçam em silêncio – disse Lucas, nos repreendendo amigavelmente. – Não percam o foco, vamos continuar com nossa jornada.

Um pouco mais adiante avistamos a famosa cachoeira, desembocando em um pequeno lago. A paisagem era deslumbrante: os raios do sol, quase imperceptíveis devido às grandes árvores barrando sua passagem, refletiam seus finos filetes nas águas cristalinas. O som das águas batendo nas pedras e dos pássaros cantando alegremente, como se estivessem agradecendo por mais um dia, se misturavam, dando mostras da inteligência da criação ao formar aquela bela sinfonia.

Descarregamos nossas bagagens à margem do lago e assentamos o acampamento. Estando tudo terminado e, aconselhados por Lucas e Janiel – nosso segundo instrutor –, tiramos nossas roupas, permanecendo apenas de sunga, e pulamos na água para dar um mergulho.

– Sei que esta cachoeira não é muito funda. Mas por via das dúvidas, aqueles que não sabem nadar fiquem aqui na beira – ordenou Lucas.

Chegou a minha vez: pulei. Senti a água gelada em cada membro do meu ser. Ao voltar à superfície, estava renovado. Era como se a água tivesse penetrado em todos os meus órgãos.

– Nossa, que gelo! Não sabia que água de cachoeira era assim – disse.

– É assim mesmo. Refrescante, não é? – disse Janiel rindo. – Pode existir o sol que for, a água de cachoeira sempre será gelada. Procurem permanecer com os corpos embaixo d'água, para que não tenham frio.

Caio e eu nadamos até a parte da queda d'água: uma parede de pedra com mais ou menos seis metros de altura pela qual a água se lançava lá embaixo, formando o barulho característico das cachoeiras.

– Ei Caio, veja o que eu faço! – disse.

Os Cristais Mágicos

Mergulhei, seguindo em direção ao encontro das águas, surgindo bem ao meio da queda. Caio me seguiu e ficamos ali, parados, com água a bater em nossas cabeças. Avancei andando um pouco mais para dentro. Foi então que tive uma surpresa: havia uma abertura no penhasco que nos conduzia a uma pequena caverna. Voltei para frente e puxei Caio pelo braço.

– Olha só para isso! – disse a ele, mostrando minha descoberta.

– Nossa, nós estamos dentro da montanha? – perguntou Caio, espantado.

– Eu acho que sim.

Era como se tivéssemos atravessado a parede. Podíamos perceber alguns raios de sol que passavam pelas frestas das pedras, clareando um pouco o lado de dentro. O lugar não era muito grande, tinha forma circular e a água batia na altura de nossas cinturas. O que mais me impressionava é que olhava para cima e não conseguia enxergar o fim, de tão alto que era. Dei alguns mergulhos, nadando naquele pequeno lago.

– Acho que é hora de voltarmos, Samuel – disse Caio.

– Só mais um pouco, deixa eu dar um último mergulho – respondi.

Mergulhei para o lado esquerdo, em direção a uma rocha transposta na diagonal. Ao tentar voltar à superfície, senti que minhas mãos tocaram algo duro. Percebi então que estava preso em um buraco por baixo da rocha. Continuei tateando, sem achar saída. Os segundos foram passando e eu comecei a me desesperar. Não conseguia enxergar absolutamente nada embaixo da água. Nadava para um lado e para o outro, em vão tentando encontrar alguma brecha na pedra pela qual eu pudesse sair.

O ar começou a faltar. Senti que não tinha mais forças para continuar procurando uma saída. Apaguei.

Não sei por quanto tempo permaneci desacordado. Lembro-me bem de uma moça bastante jovem que me segurou com um braço e, com o outro, foi nadando para a beira do lago carregando-me. Ela me colocou no chão e passou a mão pelo meu rosto, verificando o meu estado de saúde. Tentei me mover. A moça me olhou diretamente nos olhos e sem dizer uma só palavra transmitiu-me claramente, de uma forma que não sei explicar, a seguinte mensagem: "Não se mexa. Você bebeu muita água. Necessita de cuidados". Aquilo, para mim, foi como uma ordem. Não conseguia entender como ela havia se comunicado comigo daquele jeito. Mas também não me detive muito naquele ponto. Estava perturbado demais, delirando. Talvez não tivesse prestado a devida atenção.

Imediatamente relaxei e acredito que dormi por algum tempo. Aos poucos fui me recompondo e minha consciência foi voltando ao normal. Acordei com alguém batendo em meu rosto.

– Ele está abrindo os olhos – escutei a voz de Lucas. – Calma, Samuel, já está tudo bem.

Minha respiração estava ofegante mas, mesmo assim, tentei me levantar.

– Fique deitado, você ainda não está bem o suficiente para se levantar – disse Lucas.

Passei a mão pelo rosto e olhei em volta. Todos estavam lá, parados, em pé, observando aquela cena ridícula. Eu estava me sentindo um verdadeiro imbecil, sendo o centro das atenções.

Lucas e Janiel me inclinaram um pouco, encostando-me em uma árvore.

– O que aconteceu? – perguntei.

– Isso é o que gostaríamos de saber. O que estava fazendo, Samuel? Tentando se matar? – respondeu Janiel.

Lucas fixou os olhos em Janiel, demonstrando certa repreensão e, voltando-se para mim, disse:

– Segundo nosso amigo Caio, você mergulhou por baixo de uma rocha e ficou preso, não conseguindo voltar à superfície. Você deve agradecer ao seu amigo, pois foi ele quem o retirou de lá.

Os Cristais Mágicos

Caio estava ao meu lado e só pude murmurar um simples "obrigado". Meu amigo assentiu com a cabeça sorrindo.

– O que acho mais estranho nisso tudo é que, provavelmente, você deve ter engolido muita água para ter desmaiado desse jeito, Samuel. No entanto, você não expeliu sequer um gole d'água quando o deitarmos no chão. Nem mesmo quando realizei os procedimentos necessários, pressionando seu peito com as mãos – Lucas colocou a mão no queixo, em atitude pensativa e, voltando-se para mim, perguntou: – Como você está se sentindo?

– Tirando uma leve tontura, acho que estou me sentindo bem – respondi.

– Bom, isso é o que importa. O fato é que você está bem e não aconteceu nada de mais grave. Que susto você nos deu, rapaz! Você consegue se levantar? – perguntou Lucas me estendendo o braço. – Vamos, segure em minha mão.

Com o seu apoio, facilmente fiquei de pé. Foi só então que me lembrei da moça que havia me tirado da água.

– O que aconteceu com a moça que ajudou Caio a me retirar da água? – perguntei.

Janiel e Lucas se entreolharam curiosos.

– Não sabemos de moça alguma, Samuel. Caio o trouxe sozinho para cá – disse Lucas.

– Engraçado. Não me recordo de Caio. A única coisa que tenho na memória é a lembrança de uma moça, na faixa dos seus vinte e cinco anos, puxando-me para fora d'água e dizendo que eu precisava de cuidados – não quis revelar aos meus amigos que sequer ela havia aberto a boca para falar comigo. Com certeza eles pensariam que eu estivesse louco ou talvez batido a cabeça com mais força em algum lugar.

– Bom, não existe nenhuma moça. Deve ser coisa da sua imaginação. Em momentos difíceis acho que divagamos em nossos pensamentos. Provavelmente você teve algum sonho.

Mas posso lhe garantir que nenhuma outra pessoa estranha passou por aqui – respondeu Lucas, tentando me convencer.

Aquele foi um dia atípico. Depois do incidente com o meu afogamento, os ânimos se esvaeceram. Permanecemos acampados por mais alguns minutos, até que Lucas e Janiel decidiram que já era tempo de voltarmos. Eles estavam preocupados com meu estado de saúde e queriam me levar a um médico.

Descemos morro abaixo e, enquanto Janiel seguia com os outros integrantes do grupo, deixando cada um em sua casa, Lucas me conduziu ao hospital mais próximo. O médico me examinou e disse que eu estava em perfeita condição, que nem apresentava sintomas de alguém que tivesse engolido bastante água.

– Ainda bem, doutor. Fiquei muito preocupado com Samuel – falou Lucas.

– Não há razão para se preocupar, ele está muito bem. Leve-o para casa. Sugiro que vocês dois tirem o resto do dia para descansar. Imagino que a tensão que passaram a pouco os deixou bastante agitados.

Agradecemos ao médico e Lucas me levou para casa. Meu instrutor explicou aos meus pais o ocorrido e não foi surpresa para mim ver a tranquilidade com que eles encararam a situação. Meus pais sempre foram compreensivos e, ao mesmo tempo, perspicazes. Entenderam logo o receio e a dificuldade de Lucas, procurando se justificar.

– Tudo bem, Lucas. Sabemos que suas intenções sempre foram as melhores e não o culpamos. O importante é que tudo está resolvido, sem muitos problemas – disse meu pai.

Após alguns minutos de conversa, Lucas se despediu de nós e eu fui para o meu quarto, cumprir o que o médico havia sugerido.

Passei o dia inteiro pensando no que tinha acontecido. Não acreditava que aquela moça que havia me salvado era apenas da minha imaginação. Parecia tudo tão real...

Os Cristais Mágicos

Os dias se passaram e posso dizer que jamais esqueci aquele incidente. De vez em quando eu tinha uns *flashs* de memória, imagens de pessoas e coisas nada comuns. No entanto, não conseguia me lembrar totalmente. Apenas ficava aquela vaga lembrança de que algo tinha acontecido. Era como se houvesse um buraco vazio em minha mente, um espaço a que eu não tivesse acesso algum. Mas eu sabia que estava lá.

Capítulo 3

Parei o carro no estacionamento da lanchonete. O aspecto do lugar não era nada limpo. A placa de entrada estava dependurada por um lado, demonstrando que manutenção era uma palavra desconhecida por ali. Tive vontade de dar meia-volta e continuar dirigindo pela estrada. Mas, pensando bem, não tinha nada a perder. Poderia até mesmo agradecer se algum caminhoneiro tentasse me roubar e eu, reagindo, levasse uma bala no coração. Estaria me fazendo um favor.

Entrei. Sentei em um dos bancos próximo ao balcão e pedi um x-salada. Estava faminto. Mas a fome era insignificante se comparada com a angústia que me tomava a alma naquele momento. Passei a observar o estabelecimento por dentro. Não era muito grande. Havia mais ou menos umas quinze mesas. Quase todas estavam ocupadas. A maioria, imagino, por caminhoneiros procurando descansar, antes de continuar a viagem.

Foi então que conheci Thiago: o homem que mudaria minha vida para sempre. Enquanto todas as outras pessoas da lanchonete riam e falavam em voz alta, comendo suas comidas, ele entrou pela porta principal com uma aparência impecável, atraindo todos os olhares. Imediatamente o clima do lugar se transformou: o barulho habitual deu lugar a um murmúrio geral.

Aparência bastante pálida, quase um albino, aparentava ter uns quarenta anos de idade. Estava vestindo um terno azul-marinho e calçando um sapato preto de verniz reluzente. Sua barba aparada e seus cabelos castanhos curtos, ao mesmo tempo em que transmitiam um ar de pessoa importante, causavam uma sensação de estranheza, alimentada pelo contraste de sua pele branca com suas vestimentas.

Mas eu estava tão ocupado com meus pensamentos que só pude reparar em seu aspecto quando ele se sentou ao meu lado e exalou aquele cheiro suave de perfume. Olhei para aquela "figura" que acabara de se sentar e ri internamente. Quem o sujeito pensava que era? Só podia ser um louco para entrar numa lanchonete daquele tipo vestindo aquele traje de riquinho. Estava pedindo para ser assaltado. De qualquer forma, não era problema meu. Eu me virei para frente e continuei comendo o meu lanche.

O que mais me impressionava era sua incomparável tranqüilidade. Eu podia perceber que praticamente a lanchonete inteira comentava a respeito, tentando descobrir quem era aquele indivíduo. No entanto, ele permanecia calmo, como se nada estivesse acontecendo ao seu redor.

– Uma limonada, por favor – pediu o estranho, com um sotaque mais esquisito ainda. Talvez uma mistura de inglês com alemão.

Passados alguns instantes e sua bebida estava pronta. Depois de dar o primeiro gole, perguntou, dirigindo-se a mim:

– As coisas não vão nada bem, não é?

A princípio, não percebi que estava falando comigo. Fiquei em dúvida se a pergunta era para mim, pois o estranho homem não havia movido um músculo sequer. Com o copo na mão, ele continuava olhando para frente, ou melhor, para lugar algum. Não respondi.

Então, ele virou-se para mim e desta vez tive a certeza de que era realmente comigo:

– O insignificante só tem significado quando damos importância a ele – disse o estranho.

Mas que diabos ele estava falando? Era só o que me faltava: já estava cheio de problemas e ainda vinha um infeliz para me encher a paciência.

– O senhor está falando comigo? – perguntei, fazendo-me de desentendido.

– Sim, é com você mesmo Samuel – respondeu o estranho.

– Como você sabe meu nome? – falei, ainda mais surpreso.

– Bom, isso é uma longa história. Não tive a intenção de assustá-lo, peço que me desculpe. Conheço-o há longo tempo, embora você não seja capaz de se lembrar. Gostaria que nosso encontro tivesse sido em outro lugar, talvez um pouco mais calmo, para que pudéssemos conversar melhor. Devido às circunstâncias, decidi adiantar as coisas. Sei que pode achar isso um tanto estranho, mas preciso que venha imediatamente comigo. Você está correndo um grave risco ficando aqui. Explicarei tudo depois.

O senhor falava com tanta segurança que por alguns instantes acreditei em suas palavras. Pareciam sinceras. Mas foram só por alguns instantes. Era realmente absurda aquela situação: jamais havia estado naquele restaurante e, de repente, entra um homem completamente esquisito dizendo que me conhecia e que queria que eu fosse com ele. Tinha acabado de passar por uma experiência difícil e aquilo foi demais para mim.

Parei de comer e levantei-me do banco colocando a mão no bolso e jogando em cima do balcão algumas notas e moedas para o pagamento do lanche. Estava irritado.

– Não conheço o senhor e não faço a mínima questão de conhecê-lo! – disse, enfurecido.

Caminhei rapidamente em direção a porta e sem olhar para trás pude perceber seu desespero ao dizer: "espere, temos que

Os Cristais Mágicos

conversar...". Não consegui entender o restante de sua frase, pois a porta já havia batido atrás de mim.

Andei alguns metros pelo estacionamento, seguindo a parede frontal da lanchonete. Meu carro estava parado mais ao fundo. Ao passar por uma porta entreaberta, senti uma mão me puxar para dentro. A sala estava tão escura que acabei tropeçando e caindo de encontro ao chão. A mão que havia me segurado imediatamente fechou a porta e acendeu a luz. Então pude ver o seu rosto.

Era um rapaz, bastante jovem. Aparentava ter uns vinte anos. Vestia calça jeans preta, camiseta e tênis. Ele me olhou fixamente, como se estivesse a me examinar.

– Quero os cristais! Entregue-os! – disse o rapaz, com voz autoritária.

Sua voz, com o mesmo sotaque estranho do senhor que acabara de encontrar dentro da lanchonete, era grave e rouca. Sua atitude imperiosa bastaria para deixar qualquer um em pânico, mas não a mim. Minha vida já estava uma droga e eu não tinha mais nada a perder. Posso dizer que a impaciência e a irritação me tomavam mais a alma do que o medo, naquele momento. Parecia que todas as coisas impensáveis tinham resolvido acontecer em minha vida de uma só vez.

Aos poucos fui me recuperando do tombo, levantando-me. Sacudi a poeira da roupa e, permanecendo o mais calmo que pude, encarei o rapazinho, sem dizer uma palavra.

– Vamos, não tenho muito tempo! Quero os cristais! – insistiu o curioso indivíduo.

– Não sei do que está falando. Olha, rapaz, minha vida está um caos e a última coisa que desejo é arrumar confusão. Só quero ir para um lugar bem longe e afundar, sozinho, minhas mágoas. Você deve estar me confundindo com outra pessoa. Agora, deixe-me passar – disse, indo de encontro à porta com a mão estendida.

O rapaz deu um passo para trás e retirou do bolso algo que não pude identificar o que era. Sem que eu pudesse me dar conta, encostou o objeto em meu braço. Senti um leve formigamento em meus braços e em minhas pernas e, passados alguns segundos, percebi que havia perdido totalmente os movimentos do pescoço para baixo. O único membro que ainda me obedecia era a cabeça. Permaneci paralisado, atônito, sem saber o que fazer. O rapaz me olhou sorrindo e disse:

– Agora podemos conversar melhor.

Tentava me mexer de todas as formas e com todas as minhas forças, mas era tudo em vão. Meu corpo não me obedecia. Posso dizer que aquilo, sim, deixou-me em pânico. Não sabia que arma misteriosa era aquela usada contra mim e nem por quanto tempo aquilo duraria. Quando passamos por uma situação ruim costumamos dizer que as coisas não podem ficar piores. Mero engano! Podem piorar sim, e de uma maneira imprevisível!

Encarei novamente o rapaz, desta vez deixando transparecer um pavor incomparável e perguntei:

– O que fez comigo?

– Só depende de você sair deste estado. Diga-me a verdade e me entregue o que desejo e eu o libertarei – respondeu.

– Já disse, não sei do que se trata.

O jovem andou lentamente ao meu redor, observando-me com profunda atenção.

– As coisas serão mais difíceis do que imaginei – disse, tateando-me o corpo.

Depois de ter verificado cada milímetro de minhas vestimentas, concluiu pensativo:

– Não, não está com você.

Ainda andando de um lado para o outro, em atitude reflexiva, perguntou:

– Há quanto tempo conhece aquele senhor?

Os Cristais Mágicos

Lembrei-me, então, da conversa que tive com o estranho dentro da lanchonete. As coisas começavam a ficar claras para mim.

– Acabei de conhecê-lo. Jamais havia visto aquele senhor, até o momento.

– Acreditarei em você. Diga-me, então, o que ele lhe disse.

Sem titubear, respondi:

– Disse que me conhecia e que eu estava correndo perigo. Disse ainda que eu deveria ir com ele.

– Muito esperto, mas não o suficiente – falou, como que para si mesmo.

– Olha, se vocês se meteram com roubo de cristais e jóias, isso não me interessa. Prometo que não falarei disso a ninguém. A única coisa que eu quero é sair deste... – fui interrompido bruscamente, mal conseguindo terminar a frase.

– Não é nada disso! – falou balançando a cabeça. – Sei que está dizendo a verdade, entretanto, não posso deixá-lo partir. Thiago ainda deve estar por aqui e eu devo agir rápido. Sinto muito, Samuel.

O desconhecido retirou do bolso o mesmo objeto de antes e colocou-o em minha cabeça, dizendo:

– Em poucos segundos seu corpo não mais existirá. Você sentirá como se estivesse dormindo, mas desta vez, será um sono eterno.

Rapidamente meu corpo foi ficando mole e minha visão turva. A última coisa que eu tive consciência foi a fraqueza de minhas pernas que, em poucos segundos, não suportaram meu peso, fazendo com que eu desfalecesse.

Capítulo 4

Fui abrindo os olhos lentamente. Estava em um pequeno quarto, deitado numa cama. Do meu lado esquerdo podia observar uma minúscula janela, com persiana e cortinas fechadas. O ambiente estava em penumbra, mas foi suficiente para que eu olhasse atentamente o cômodo. Bem a minha frente, se encontrava um guarda-roupa, de duas portas. E somente isso. Não havia mais nada. Apenas uma cama e um insignificante guarda-roupa. Sem cômodas, penteadeiras ou qualquer outro objeto de uso pessoal.

Não sabia que lugar era aquele. Vasculhava minha memória em busca de alguma lembrança, alguma pista que pudesse me ajudar a descobrir o que tinha acontecido. Sim, eu podia me lembrar de algo. Estava confuso, entretanto, para saber o que de fato ocorrera. A última coisa que me vinha à mente era a imagem de um jovem rapaz apontando um objeto para minha cabeça, afirmando que eu dormiria um sono eterno. Um terrível calafrio percorreu minha espinha ao ter este pensamento.

Seria um sonho? Muitas coisas inexplicáveis haviam ocorrido. Podia recordar muito bem que, por certo tempo, aquele mesmo rapaz, através de uma energia misteriosa, havia paralisado meu corpo. Jamais ouvira falar em algo semelhante. Acreditava que, por mais avançada que estivesse nossa tecnologia, ainda não tinha condição de concretizar uma arma de tamanha magnitude.

Se não era um sonho, então, com certeza eu estava ficando louco. O trauma e a decepção com a Cibele poderiam ter acionado algum ponto de fixação em meu passado, ocasionando uma abrupta psicose, mais precisamente, uma esquizofrenia. Já havia lido Freud e eu sabia que isso era perfeitamente possível. Durante nossa infância passamos por ocasiões de sofrimento e angústia que deixam determinada marca em nosso ser. São os chamados pontos de fixação. Se, durante nossas vidas, alguma situação semelhante, de profunda dor, nos atingir, podemos ser remetidos àqueles pontos de fixação, regredindo às nossas primeiras experiências, o que nos levaria a contrair uma neurose ou uma psicose. Será que isso estaria ocorrendo comigo? Estaria eu ficando louco?

Ideias sem sentido invadiram meus pensamentos, deixando-me em estado de extrema prostração. Todas essas dúvidas surgiram em fração de segundos.

Sentei-me por alguns instantes na cama, para logo em seguida levantar-me e olhar pela janela. Eu me encontrava no quinto andar do que supus ser um prédio residencial. Do lado de fora, na avenida, carros iam e vinham. O movimento de pedestres também era intenso. Tive a impressão de que o apartamento estava localizado no centro de alguma cidade grande. Mas não sabia qual.

Foi então que ouvi o barulho da porta se abrindo. Ao me virar, reconheci o pálido senhor que havia encontrado na lanchonete. Desta vez, sua imagem me pareceu ainda mais estranha. Usava óculos escuros, tornando-o uma figura bizarra. Com a mão no interruptor, acendeu a luz.

– Vejo que já está melhor – disse o senhor, abrindo um sorriso. – Pode me chamar de Thiago, é o nome que eu adotei aqui na Terra – acrescentou, estendendo-me a mão.

Retribuí o gesto, desconfiado.

– Como vim parar aqui? – perguntei, ainda segurando sua mão.

Thiago andou alguns passos até a janela e abriu a persiana, porém manteve as cortinas fechadas. Em seguida, retirou os óculos escuros, dizendo:

– Acho que agora posso tirar esses óculos, a claridade não é tão forte aqui – ele olhou para mim e completou: – Há muitas coisas que você desconhece. Mas tudo tem seu tempo e logo você saberá. Por hora, posso dizer que tirei você de um grande apuro. Alexandre estava prestes a desintegrá-lo quando apareci.

– Alexandre? Desintegrá-lo? – perguntei, não conseguindo me situar no que ele estava dizendo.

– Sim, você não se lembra do rapaz na lanchonete?

Pensei por alguns instantes e tive a certeza de que eu não estava ficando louco, de que tudo realmente acontecera. Mesmo assim, perguntei:

– Então, o que aconteceu...

– Não, meu rapaz. O que você passou não foi um sonho. Você deve estar com muitas dúvidas, mas... – Thiago não conseguiu terminar a frase. Cambaleou para o lado e precisou segurar na cama para não cair. Eu me aproximei, amparando-o. Parecia que estava tendo um ataque.

– Vamos, rápido! Abra a primeira porta do guarda-roupa e pegue a maleta preta – disse ele, com dificuldade, ao mesmo tempo em que se sentava na cama.

Soltei o seu braço e imediatamente abri a porta do guarda-roupa, em busca da tal maleta. Dentro, havia várias prateleiras, todas com pequenos potes de vidro. Naquele momento, não pude observar direito o que eram. Logo, eu descobriria.

– Em cima, na primeira repartição – balbuciou Thiago.

Os Cristais Mágicos

Levantei os olhos e avistei as alças da pequena mala. Rapidamente levei-a até Thiago.

– Ela não tem segredo, abra-a.

Trêmulo, abri os dois fechos da maleta e me deparei com diversas ampolas.

– Pegue a ampola vermelha e impulsione-a dentro daquele pequeno "canudo".

O que Thiago chamava de "canudo" era algo parecido com uma injeção de gatilho automático. Segui sua orientação sem muita dificuldade, deixando a "injeção" pronta para ser aplicada. Percebi que Thiago estava a ponto de perder os sentidos quando estendeu o braço e fez um imperceptível gesto com a cabeça, indicando-me que já podia fazer a aplicação.

Jamais havia aplicado uma injeção antes e temi pelo pior. Instintivamente aproximei a "seringa" de seu braço e me assustei quando ela soltou um agudo bip. Puxei-a de imediato, percebendo que a ampola se encontrava vazia.

Olhei para Thiago e constatei que sua respiração se tornava ofegante. Com os olhos fechados, começou a suar e, em poucos segundos, sua camisa ficou ensopada. Em seu rosto escorriam gotas de suor. Fiquei sem saber o que fazer com sua agitação. Virava de um lado para o outro na cama como se estivesse tendo um pesadelo. Larguei a "seringa" ao chão e tomei o seu pulso, percebendo que seus batimentos cardíacos disparavam. Estava diante de uma situação inusitada. A ideia de ver uma pessoa morrer na minha frente não me agradava em nada. Imaginei que Thiago tivesse se enganado ao mandar eu utilizar a ampola com a substância vermelha. Pensei que, ao invés de lhe aplicar um antídoto, acabara por lhe dar um poderoso veneno.

Felizmente para mim, aos poucos suas condições físicas foram se estabilizando e ele pôde abrir os olhos. Segurando minha mão, com uma inspiração profunda disse:

– Você conseguiu. Obrigado – fez uma pequena pausa e

continuou: – Preciso beber água. Pode pegá-la na cozinha para mim, por favor?

Soltei sua mão e me dirigi para fora do quarto, ainda meio perdido, sem saber de que lado ficava a cozinha. Não foi difícil encontrá-la, pois o apartamento era pequeno. Peguei um copo e uma jarra em cima da pia, enchendo-a com água.

Ao voltar ao quarto, Thiago estava dormindo. Sua respiração havia voltado ao normal. Acordei-o com um leve toque no ombro e lhe ofereci a água. Ele bebeu quase a jarra inteira, sentando-se na cama, em seguida.

– Nossa, fiquei todo molhado de suor – disse.

– É, você me deu um grande susto. Pensei que fosse morrer. É melhor você trocar essa roupa – sugeri.

– Tem razão – falou Thiago, aceitando minha sugestão. – Aguarde um instante, logo estarei de volta. Apenas irei até o quarto ao lado pegar outra muda de roupa – disse, levantando-se e saindo.

Olhei para o guarda-roupa que abrira minutos antes e constatei que não existia roupa alguma nele. Fizera as coisas tão automaticamente na tentativa de salvar Thiago que sequer havia reparado naquele detalhe. O guarda-roupa estava repleto de frascos transparentes, separados em diversas prateleiras. Ao todo, contei seis. Observei atentamente e pude perceber que os frascos estavam minuciosamente organizados. Cada prateleira era separada em dois: do lado direito se encontravam frascos com uma substância de uma mesma cor e, do esquerdo, frascos vazios. Não eram cores comuns, pareciam mais brilhantes, pra não dizer fluorescentes.

Segurei um deles nas mãos e, examinando melhor, o líquido, meio arroxeado, se misturava com minúsculos grãos transparentes, dando a sensação de que possuía luz própria. Devolvi o frasco ao devido lugar, imaginando que tipo de substância era aquela. Drogas? Remédios? Não sabia dizer. Ou Thiago era um viciado em drogas, o que me pareceu improvável, devido a sua maneira de se comportar. Ou estava diante de uma pessoa bastante doente, que necessitava daqueles remédios para sobreviver. No fundo, sabia que as duas hipóteses estavam longe da verdade. O melhor que tinha a fazer era esperar que Thiago voltasse, para me dar uma boa explicação sobre aqueles acontecimentos.

Lembrei-me, então, da "seringa automática". Ela continuava caída ao chão, no mesmo lugar em que a deixara. Segurei-a mais uma vez. Era um cilindro com aproximadamente um centímetro de diâmetro e uns seis ou sete de comprimento. Virei-o de todos os lados possíveis. Mais adiante, um pequeno orifício retangular, mostrando seu interior. Foi por aquele orifício que pude identificar que a ampola se encontrava vazia. O mais curioso é que não existia agulha. Em seu lugar, o cilindro se estreitava uns cinco milímetros, deixando à mostra minúsculos furinhos, por onde a substância, penso eu, era injetada na pele. Achei interessantíssimo aquele sistema.

– Vejo que deve estar pensando que tipo de objeto é este – disse Thiago ao entrar no quarto e me surpreender com a "seringa" nas mãos.

– Sim. Na verdade não sei nem o que pensar. Acho que você me deve explicações.

– Na hora certa você as terá. Teremos que adiar nossa conversa por mais alguns minutos. Enquanto eu me trocava comecei a pensar um pouco e cheguei à seguinte conclusão: Alexandre, provavelmente, planejou matar-me com uma substância de efeito demorado.

Balancei a cabeça, em sinal de que não estava entendendo absolutamente nada.

– Olha, entenda uma coisa: não sei o que estou fazendo no meio da briga de vocês dois. O que desejo é que alguns fatos sejam esclarecidos e, após isso, sair daqui. Só acho que tenho o direito de saber o que está acontecendo; afinal de contas, foram vocês que entraram em meu caminho.

– Já disse que lhe contarei tudo o que quiser saber. O que estou tentando dizer é que ainda podemos estar correndo perigo. Ao colocar este veneno em meu corpo, Alexandre, juntamente com ele, pode ter injetado um rastreador em minha corrente sanguínea. Se isso realmente aconteceu, ele virá atrás de nós, e não demorará muito.

– Rastreador na corrente sanguínea? Jamais ouvi falar em tal absurdo. Você deve estar ficando louco. Ou melhor, eu é que devo estar ficando louco por estar aqui conversando com você. – respondi indignado.

– E você consegue explicar tudo o que aconteceu com você desde que entrou naquela lanchonete? – Thiago fez uma pausa e, sem esperar que eu respondesse, continuou. – Você já teve fortes indícios de que tudo o que aconteceu foi real, embora ainda não possa compreender. Apenas lhe adiantarei o seguinte: tanto Alexandre quanto eu, não somos desse mundo. Viemos de um lugar muito distante para estudar este planeta. Infelizmente, Alexandre foi levado pela vaidade, pelo egoísmo e, principalmente, pela ambição, deixando para traz nosso código espiritual e nosso compromisso com a fraternidade.

Soltei uma estrondosa gargalhada, sentando-me na cama.

– Ultimamente, não estou duvidando de mais nada – falei irônico.

Thiago olhou-me com seriedade e concluiu:

– Devemos sair daqui agora mesmo! Darei a você mais uma prova da verdade! – disse, retirando do bolso um pequeno saco de tecido preto amarrado com uma fita dourada.

Desamarrou cuidadosamente o embrulho e despejou na outra mão o que pareceu ser duas fubecas de vidro, de aproximadamente três centímetros de diâmetro cada.

Os Cristais Mágicos

– Estes são os cristais que Alexandre procurava – disse, abrindo a mão e mostrando as duas pedras.

– Para mim, parecem duas fubecas de vidro.

– Está enganado. Estas esferas foram batizadas de cristais devido à semelhança com eles. São de um material bastante sólido. Cada uma delas, utilizada de maneira apropriada, pode nos levar a uma dimensão diferente. Usaremos agora o cristal verde, que nos transportará para o meu planeta de origem. Mas antes, devo tomar uma precaução para preservar sua saúde e também a do meu planeta.

Ouvia, pasmo e incrédulo, suas palavras. Até onde iria aquela história? Resolvi fingir que acreditava em tudo aquilo e deixar que Thiago me conduzisse. Não achava que ele fosse me fazer algum mal.

– As condições físicas variam muito de um mundo para outro. Microorganismos que existem lá, não sobrevivem aqui e vice-versa. Apesar de nossos planetas serem bastante parecidos, devemos ter cautela. Precisamos preservar sua imunidade e a de meu planeta contra as possíveis doenças que podem surgir – disse ele.

Thiago pegou a "seringa" que continuava em minha mão e acionou um mecanismo, retirando a ampola vazia. Em seguida, apanhou a maleta, escolhendo uma ampola com um líquido azul-claro. Carregou a "injeção" com a substância e, sem que eu percebesse, encostou-a em meu braço. Ouvi novamente o agudo bip, indicando que a aplicação já fora realizada. Não senti dor alguma.

– O que você fez? – perguntei, puxando o braço.

– Não se assuste. Considere isso como um medicamento. Irá proteger sua saúde enquanto estiver em meu planeta, evitando que contraia alguma doença. Esta substância também impedirá que qualquer microorganismo saia de seu corpo e prejudique os habitantes de lá.

Thiago colocou a mão no bolso e retirou mais um objeto

esquisito. Desta vez, era um cilindro maior, de uns doze centímetros de comprimento e quatro de diâmetro. Ele colocou o cristal verde na parte superior do cilindro e, em menos de dez segundos, o cristal desceu para um recipiente a parte, localizado na extremidade inferior do instrumento.

Cada minuto que passava, mais ansioso eu ficava. Era uma surpresa atrás da outra. Fatos e objetos novos se juntavam aos anteriores, ambos sem explicação alguma. Minhas dúvidas se acumulavam.

– Prepare-se. Em instantes faremos nossa viagem. Ajude-me com estes recipientes cheios, aqui no guarda-roupa. Vamos colocá-los nesta outra maleta. Não desejo que Alexandre se aproprie deles – falou Thiago, retirando uma pequena mala escondida embaixo da cama e voltando-se para o guarda-roupa.

Passei a ajudá-lo naquela tarefa. Estando todos os recipientes organizados dentro da maleta, perguntei:

– O que você vai fazer com isso?

– As duas maletas irão conosco. Não podemos deixar nenhum objeto desconhecido aqui em seu planeta. Poderia ser catastrófico, ainda mais se Alexandre pusesse as mãos nele. Segure cada maleta com uma mão – pediu Thiago.

Enquanto pegava as maletas, Thiago apanhou novamente o cilindro com o cristal.

– Ao retirar este cristal daqui, faremos uma curta viagem. Não levará cinco segundos. Fique junto a mim – ordenou.

Ele segurou o cristal verde com a mão direita e, imediatamente, posicionou-a em meu ombro. Em instantes senti um leve formigamento em meu corpo e minha visão foi ficando esbranquiçada. O quarto em que estávamos foi sumindo, perdendo a cor, parecendo-se mais com uma projeção ofuscada do que com um lugar real. Eu me senti flutuar e, de repente, não pude enxergar mais nada. Tudo ficara branco, um branco terrivelmente angustiante. Fechei os olhos.

Os Cristais Mágicos

Capítulo 5

Como Thiago havia dito, nossa "viagem" não durou nem cinco segundos. No entanto, para mim, foi como uma eternidade. A sensação de que havia perdido a visão, aliada à falta de gravidade, fez com que perdesse a noção do tempo.

– Pode abrir os olhos – escutei a voz de Thiago.

Ao abri-los, deparei-me com um lugar totalmente novo. Aos poucos minha vista foi se acostumando com o ambiente repleto de luz e fui retomando a consciência.

Olhei ao redor. Estava em um grande quarto. Ao meu lado esquerdo, uma imensa janela, pegando a parede de um canto ao outro. Diferentemente do quarto em que eu me encontrava anteriormente, não havia persiana nem cortinas na janela. Os raios solares iluminavam cada pedaço daquele cômodo.

– Tudo aqui é muito diferente. Até o ar parece outro – disse, enchendo os pulmões.

A cada respiração, podia sentir uma energia invadindo os órgãos do meu corpo. Eu me sentia fortalecido e estranhamente em paz.

Dei uma espiada pela janela. Do lado de fora, surgia um

longo campo gramado, com diversos tipos de flores: azuis, amarelas, roxas e de todas as cores possíveis. Bem ao fundo, à linha do horizonte, conseguia distinguir uma árvore, a única daquela paisagem. Fiquei maravilhado com aquela vista. Parecia cena de filme.

– Onde estamos? – perguntei.

– Estamos em meu planeta de origem: Zeugma. Zeugma é um minério bastante conhecido aqui em nosso planeta. Exatamente por tê-lo em abundância, recebeu o seu nome – respondeu. – Aqui, estamos seguros. Pode fazer as perguntas que quiser e eu lhe darei as respostas, se estiverem ao meu alcance. Teremos muito tempo, por isso, não fique ansioso. Depois poderemos dar uma volta por aí, quero lhe mostrar algumas coisas.

Pensei por alguns instantes, passando os olhos mais uma vez pelo lugar e disse:

– Certo. Primeiramente, quero saber o que aconteceu comigo lá na lanchonete, quem era aquele indivíduo e que tipo de relação existe entre você e esse tal de Alexandre.

– Para que você entenda toda a história, vou retroceder alguns anos atrás. Perceba que o nosso tempo, aqui em Zeugma, é diferente do tempo contado na Terra. Como vou explicar... – disse para si mesmo, coçando a cabeça. – Entenda desta maneira: enquanto na Terra vivemos dez anos, por exemplo, aqui em Zeugma este tempo é muito maior. Para nós, é como se tivéssemos vivido cinquenta anos. O tempo aqui é muito mais rápido, embora não signifique grande coisa. Você compreende? – perguntou Thiago.

– Mais ou menos. Mas tudo bem, pode continuar. Saberei interrompê-lo quando necessário.

– Você ainda não pode perceber, mas quando der uma olhada lá fora, verá que temos um gigantesco sol. Sem falar que a dimensão de nosso planeta é menor do que a da Terra. Todas essas diferenças influenciam naquilo que chamamos de contagem

Os Cristais Mágicos

do tempo. O dia aqui é muito maior do que a noite. Dormimos três horas apenas, em comparação com a Terra.

Thiago notou minha cara de espanto sem muita preocupação e continuou:

– Estou lhe falando essas coisas para que você tenha uma noção de que planeta é esse. Estamos aproximadamente 80 anos-luz de distância da Terra, em um planeta pertencente a uma das estrelas da constelação de Ursa Maior. Acredito que este nome não é estranho para você.

– É verdade, já ouvi falar em Ursa Maior. Mas como viemos parar aqui? – perguntei impaciente.

– Foi com a ajuda dos cristais, mais precisamente do cristal verde. Eles foram desenvolvidos para serem utilizados como portais no espaço. São capazes de nos transportar em segundos para outra dimensão, um outro mundo.

– Desculpe, mas isso parece ficção científica. São muitas informações despejadas de uma única vez e não estou conseguindo concatená-las. Está sendo difícil acreditar nisso tudo – disse.

– Sei que não é simples, mas aos poucos você irá compreendendo – falou Thiago incentivando-me.

– Estes cristais não existem desde sempre. Foram inventados pelas mentes mais brilhantes de nosso planeta. Eles são uma criação recente, de pouco mais de um século. O projeto inicial se chamava "Portais Mágicos". Durante centenas de anos, diversos cientistas vinham procurando "fabricar" um instrumento que tivesse a mesma capacidade de um portal ou um buraco negro. Um buraco negro possui um campo gravitacional tão intenso que nem mesmo a luz, com velocidade de aproximadamente 300.000 km/s, pode escapar de seu interior. Buracos negros e portais são, para nós, a mesma coisa. Com as medidas adequadas, podem nos transportar de um ponto a outro do universo ou até mesmo de um universo a outro.

– Você está se referindo aos famosos buracos negros existentes no espaço que ainda são um mistério para os nossos cientistas? – perguntei.

– Exatamente. Ao contrário de nós, vocês ainda não possuem as condições necessárias para entender o funcionamento desse fenômeno. Há muito adquirimos este conhecimento. Utilizamos a energia dos buracos negros de diversas formas. Uma delas é como locomoção: "viajamos" de um ponto ao outro do espaço em busca de conhecimento. Quando encontramos algum planeta com vida, nos detemos um pouco mais para realização de pesquisas e, principalmente, para ajudarmos na sua evolução.

– Puxa, vocês então são os gigantes do universo! – disse, rindo.

– Não, de forma alguma. Nossos conhecimentos são limitados, embora você pense que não. Existem seres muito mais sábios e inteligentes. São os seres de luz, com uma evolução incrível. Estas almas habitam as grandes estrelas e lançam luzes para todo o universo. Levaremos muitos milhares de anos para alcançarmos esse estágio. Mas, de qualquer forma, posso dizer que Zeugma é um planeta mais adiantado do que a Terra.

– Isso é algo que você nem precisava dizer! Vocês praticamente dominam a ciência inteira!

– Não, não. O universo é grandioso demais e existem muitas coisas que ainda desconhecemos. E quando digo evolução, não estou apenas me referindo à ciência em si, mas ao amadurecimento moral e espiritual. A evolução é entendida nesses dois sentidos: intelectual e espiritual. De nada adianta sermos inteligentes se não tivermos a espiritualidade desenvolvida. Por que acha que conseguimos tantas descobertas científicas? Porque utilizamos o nosso intelecto para o bem da humanidade, englobando todas as vidas existentes no universo, das que temos conhecimento, e não só as do nosso planeta.

– Ao ouvir você dizer estas coisas, fico imaginando como a Terra está longe dessa perfeição. Há tanta pobreza...

– Pobreza espiritual. Esta é a palavra. O problema é que

cientificamente vocês estão evoluindo muito mais rápido do que moralmente. Compare a Terra de agora com a de dois mil anos atrás. Perceba que a evolução espiritual foi mínima. Em contrapartida, a área intelectual deu um grande salto. É o que também está acontecendo com o planeta de Alexandre, só que com mais gravidade. A Terra está passando por um momento bastante perigoso e delicado.

– Tem razão. Você acha que algum dia poderemos ser como vocês? – perguntei.

– Não sei. Para isso é necessário que vocês mudem o grau de vibração do planeta. A inteligência está se sobressaindo ao que realmente é importante: o amor. Quando isso acontece, o egoísmo e a ânsia por domínio e poder aumentam. Uns querem ter mais do que os outros. Uma nação quer ser mais forte do que a outra. Vocês estão mais preocupados em construir armas do que salvar vidas. Sabe por que um planeta como a Terra não consegue alcançar um nível científico como o nosso? Porque não dá tempo, vocês se autodestroem antes.

Thiago falava com tranquilidade e segurança. Impossível não me convencer de que era verdade. Mesmo porque suas palavras vinham ao encontro do que eu sempre acreditei. Voltei meus pensamentos para Cibele e César, meu ex-sócio. Sim, o mundo estava repleto de pessoas traiçoeiras e de más intenções.

– Mas estamos com vocês, ajudando no que for preciso. Só não podemos interferir no livre-arbítrio daqueles que estão no poder. O único motivo que nos permite interceder é se vocês ocasionarem algum tipo de descalabro cósmico, ameaçando outros planetas e outras vidas – falou Thiago.

– Não vejo como isso pode acontecer – disse.

– Não seria difícil. Vocês já entraram em contato com armas atômicas. Uma pequena manipulação e vocês colocariam em risco não só a vida neste sistema, mas em muitos outros. Quanto a isso, estamos atentos – disse Thiago, fazendo uma pausa.

– Mas vamos voltar aos cristais. Como estava dizendo, o projeto "Portais Mágicos" pretendia, de alguma forma que ainda desconhecíamos naquela época, transferir a energia, ou parte dela, dos buracos negros e portais para algum objeto que fosse de fácil manipulação. Com este intuito, formou-se um grupo de sete cientistas bastante esclarecidos. Nossas pesquisas são realizadas de maneira diversa das da Terra. Não há segredos e nem motivos para esconder as descobertas dos habitantes de nosso planeta. Tudo é público e todos participam, seja ativamente ou simplesmente fornecendo ideias. Como em todo lugar, e acredito que em todos os planetas, existe a necessidade de liderança. Esta era a missão destes sete cientistas. Eles tinham o dever de guiar nossos estudos e experiências.

Após pensar alguns instantes, Thiago continuou a narrativa:

– Devo dizer que eu faço parte desse grupo de cientistas. Participei do projeto desde a sua concepção. Durante muitos anos não tivemos sucesso com nossos experimentos. Frequentemente habitantes de outros planetas vinham ao nosso encontro, interessados em contribuir e ajudar, mas estávamos apenas engatinhando, apesar de todos os nossos esforços.

– Vocês então mantêm contato com seres de outros planetas? – perguntei admirado.

– Sim, obviamente. Quando um planeta atinge certo grau evolutivo e consegue sair de seu sistema, com a intenção de descobrir novas formas de existência, os próprios seres inteligentes de outros mundos se fazem conhecer. Eles sabem a hora certa de se aproximarem e passam a auxiliar o jovem mundo na sua transição de dimensão para um grau mais evoluído. A ajuda sempre existe, em todos os lugares.

Aquelas ideias eram novas para mim. Thiago relatava algo que, a princípio, era difícil de acreditar. Uma visão fantástica sobre um assunto que nunca havia sequer imaginado. Qualquer pessoa acharia um absurdo. No entanto, sem que eu pudesse

Os Cristais Mágicos

explicar, ouvia interessado suas palavras, ainda que relutando internamente em aceitá-las.

– Sua forma de ver as coisas, ou melhor, de afirmar categoricamente que tudo o que você falou até agora é a pura verdade, parece-me fantasiosa demais. Você está relatando o que, para mim, é um mundo perfeito, onde não existe ninguém querendo se aproveitar de ninguém, onde todos contribuem para o desenvolvimento da ciência. Você não acha tudo isso muito irreal?

– Para nós, esta é a realidade. Para vocês, é fantasia e ilusão. Vocês estão tão acostumados com as coisas ruins que acontecem na Terra que não conseguem enxergar as boas. É mais fácil para vocês acreditarem no terrível do que no maravilhoso. Pobres criaturas. Mas um dia irão aprender a verdadeira forma de governar e organizar um planeta, dentro dos desígnios da natureza e sem ferir o mais nobre dos sentimentos: o amor.

Continuei pensativo por mais alguns segundos. Com palavras firmes, em nenhum momento Thiago deixava transparecer hesitação.

– Vamos, quero lhe mostrar esta casa! – disse Thiago indo em direção à porta, ao mesmo tempo em que fazia sinal com a mão para que eu o seguisse.

Ao sair pela porta levei um susto. Não, aquilo não era uma casa. Era uma mansão. Imensa, gigantesca e extraordinária. Parecia que estava dentro de um palácio. Tudo dava a impressão de ter sido planejado com detalhes. As paredes eram contínuas, sem cantos vivos, formando quase que um círculo. Todas estavam decoradas com desenhos e figuras em alto-relevo. Desenhos futurísticos, de cores claras e brilhantes, sem forma definida. Tentei localizar em que andar eu estava. Avancei três passos para frente e me debrucei no peitoril. Terceiro. Sim, terceiro e último andar. Havia um corredor que ligava todos os quartos de um mesmo andar. Olhei para cima e comparei o teto do casarão com o de uma grande igreja redonda, que havia visitado dias atrás. Em cima, bem ao centro, reconheci uma figura bastante famosa aqui na Terra: "O Juízo Final", de Michelangelo.

– Vamos descer – falou Thiago, retirando os óculos escuros e guardando-os no bolso. Achei estranho o seu cuidado com a claridade, porém, naquele momento, nada questionei. Estava ocupado demais observando os intrigantes aspectos do lugar.

Existiam escadas dos dois lados do corredor. Elas passavam pelo segundo e primeiro andares, fazendo uma meia-lua, e se encontravam no térreo. Pude contar três portas em cada andar. Mentalmente, calculei que a mansão deveria ter uns nove ou dez quartos. Imaginei que todos fossem enormes, iguais ao que eu acabara de deixar.

Enquanto descíamos as escadas do imenso casarão, Thiago continuava sua narrativa.

– Nossa insistência e perseverança no projeto fez com que diversos acontecimentos viessem ao nosso encontro, ajudando-nos a descobrir o caminho correto.

O corrimão da escada era feito de um material que não pude identificar. Cromado como metal, sua temperatura não era fria como a dele, e sim agradável, para não dizer prazerosa. Também não era rígido. Seu estado era macio e se moldava à minha mão. Impossível descrever o que era utilizando somente o sentido da visão, o que revelava, na verdade, uma falsa impressão. Foi necessário usar o tato e, mais do que isso, o olfato, para distinguir suas características. Sim, eu disse olfato. É difícil explicar, mas eu era capaz de sentir cheiro nas coisas, inclusive no corrimão. Parecia que para cada lado que eu olhasse, um odor diferente era emitido e, intuitivamente, eu sabia de onde vinha. O cheiro adocicado e suave, com certeza vinha do corrimão.

– Certo dia, Lana, uma das nossas cientistas, havia saído, juntamente com outros dois pesquisadores, para realizar uma investigação em uma cachoeira. Nossos aparelhos tinham conseguido detectar uma energia fora do normal por aquelas redon-

Os Cristais Mágicos

dezas. Suspeitávamos de que existisse um portal, mas, para ter certeza, era necessário detalhar todas as vibrações daquele lugar.

Fui descendo degrau por degrau, maravilhado com as novas sensações. Procurava olhar para os lados, tentando adivinhar de onde saiam os diferentes odores.

– Lana se encontrava na beira da cachoeira quando avistou o que parecia ser alguém boiando bem ao meio da queda d'água. Imediatamente ela saltou e nadou até o indivíduo, trazendo-o com muito esforço para a margem. Era um garoto. Havia engolido muita água e seu estado era bastante ruim. Lana utilizou suas técnicas de... Como vocês chamam isso, mesmo? Ah sim, vocês dizem primeiros-socorros. Pois bem, ela utilizou seus conhecimentos na prática e conseguiu fazê-lo voltar à vida. Com a ajuda dos outros dois cientistas, levaram-no para uma cama, no acampamento. Deram-lhe um medicamento para que dormisse e descansasse.

O chão parecia ter sido feito de vidro, de uma tonalidade azulada, brilhante. Pisava com cuidado, com medo de escorregar e cair. A primeira vista, dava a impressão de ser bastante escorregadio. Como comprovei depois e, diferentemente do que havia imaginado, possuía excelente aderência. Mesmo assim, a cada passo, continuava olhando para o chão. Era engraçado, pois parecia que eu estava pisando em pequenas poças d'água. O contato do meu sapato com a superfície formava um círculo que ia se abrindo e multiplicando-se para as extremidades, até tornarem-se imperceptíveis.

– Esse fato deixou todos nós extremamente surpresos, pois verificamos ser possível algo que ainda não havíamos presenciado. Até aquele momento, tínhamos obtido sucesso ao manipular as energias de buracos negros e portais, permitindo-nos o transporte para outras dimensões. Mas tudo era realizado de maneira direcionada. O garoto que Lana salvara vinha de outra dimensão. De uma forma não planejada, ele tinha atravessado o portal, ressurgindo em nosso planeta.

Chegamos ao térreo. Olhei ao redor. Eu me encontrava em um imenso salão circular. Havia duas portas grandes entreabertas nas laterais. Seguimos adiante, para a porta principal, que estava fechada.

– Todas as providências foram tomadas para que nenhum microorganismo existente no corpo do garoto passasse para nossa dimensão. O mesmo se deu com o jovem: mantivemos seu estado preservado contra elementos estranhos de nosso planeta – Thiago fez uma pausa e olhou para mim. Minha aparência não devia estar nada normal, pois ele logo perguntou:
– Você está bem?

– Sim, estou – disse, saindo de meu estado de divagação.

– Você prestou atenção nas coisas que acabei de falar?

– Prestei sim – falei. Eu havia escutado tudo o que ele dissera, mas o meu encantamento por aquele lugar era maior. Ainda estava abismado.

– Sim, claro! Desculpe a minha falta de sensibilidade. Estou tão acostumado com este ambiente que esqueço que todas as pessoas que vêm aqui pela primeira vez ficam assim – disse ele.

– Quer dizer então que outras pessoas de meu mundo já estiveram aqui? – perguntei.

– Não só de seu mundo, mas de outros também. Esta casa foi feita para receber visitantes de outros mundos. Se você observar bem, pode perceber que em muitas coisas ela é parecida com as casas da Terra.

– Ela não é nada parecida. Desenhos pelas paredes, objetos com odores...

– Digamos que nós juntamos características da Terra com algumas singularidades daqui para vocês irem se familiarizando com este planeta. Não viu a figura de Michelangelo no teto? – disse Thiago, sorrindo.

Assenti com a cabeça. Sua explicação me pareceu bastante razoável. Paramos alguns metros antes de chegar à porta.

Os Cristais Mágicos

– Olhe para trás – falou Thiago. Assim que nos viramos, ele continuou: – Esta casa foi construída para que seres de mundos mais atrasados pudessem nos visitar. Mas isto é privilégio de poucos. Como você já pôde perceber, tudo foi planejado para que a pessoa que aqui estivesse fizesse uso e, principalmente, tivesse consciência da utilização dos sentidos pouco valorizados na Terra, como o tato e o olfato, por exemplo. Vocês, terrestres, são pessoas estranhas. Fazem tudo no automático e muitas vezes nem sabem o que estão fazendo. Devemos ter consciência dos nossos sentidos, em qualquer momento. É desta forma que vivemos aqui. Esta casa é um treino para você. Olhe para ela e sinta sua energia. Tente perceber com todos os sentidos.

Assim fiz: procurei prestar atenção em cada um dos meus sentidos separadamente. Experiência com o tato, a visão e o olfato, já havia tido quando desci a escada. Tentei me concentrar na audição. Bem ao fundo pude notar alguns sons indecifráveis. Era música. Na verdade, ouvia o som de muitas vozes ao mesmo tempo, todas em sintonia. Mas o volume era tão baixo que cheguei a pensar que fosse minha imaginação. Deixei de lado este sentido e passei para o próximo: o paladar. Fechei os olhos e tentei sentir o gosto de alguma coisa. Para minha decepção, nada aconteceu.

– Com todos os sentidos consegui perceber algo diferente. Menos com o paladar.

– Você não esperava ter que morder um pedaço da casa para sentir seu gosto, não é? – Thiago soltou uma gargalhada. – Desculpe, esqueci de dizer que o paladar não estava incluído neste grupo de sentidos terrestres. Mas não se preocupe, lá fora você terá oportunidades de treinar também este sentido. Vamos – Thiago se virou e eu o segui em direção à porta principal.

Capítulo 6

Eu me sentia bem naquele lugar. Até já havia esquecido o desgosto de dias atrás, mal podia me lembrar de Cibele. A decepção era recente e, no entanto, parecia ter ocorrido há muitos anos, tempo suficiente para que não tivesse mais nenhuma importância para mim. Relatei a Thiago o que tinha me acontecido e a grande dor que tinha sentido ao saber que as pessoas em quem eu mais confiava haviam me traído. Disse também que a dor, surpreendentemente, não estava mais tão intensa. Podia pensar no ocorrido sem sentir a angústia de antes.

– Isso se chama perdão – disse ele. – Você passou por uma situação extremamente difícil. Então eu apareci e lhe mostrei que existem muito mais coisas entre o céu e a terra do que se possa imaginar. Você ficou surpreendido, pra não dizer maravilhado e aquilo que tinha importância, que era a sua dor, naquele momento, foi ofuscada. Inconscientemente, você deu um grande passo na sua evolução espiritual. Você se colocou em um padrão de vibrações acima do de seu ex-sócio e do de sua ex-namorada. Você, agora, tomou conhecimento de coisas que eles nem sonham, e isso fez com que sua consciência se expandisse, deixando de lado os últimos acontecimentos. Sei que existe ainda certa dorzinha aí no fundo. Mas isso logo passará, mais depressa do que imagina.

Pensei no que Thiago acabara de falar e não pude admitir, nem para mim mesmo, que estava prestes a perdoá-los.

– Não, você não sabe. O que ela fez é imperdoável. Ela me traiu com meu sócio, que também era um grande amigo meu e, juntos, passaram-me a perna, venderam nossa empresa. Fiquei sem absolutamente nada. Até o dinheiro no banco foi retirado da conta. A única coisa que me restou foi o carro que, aliás, ainda deve estar lá na lanchonete. Ou não? – perguntei, com dúvida.

– Não se preocupe com seu carro. Ele continua no mesmo lugar em que você o deixou. Quando voltarmos, você poderá recuperá-lo – respondeu Thiago. – Venha, nossos amigos devem estar chegando. Vamos aguardar lá fora.

– Como sabem que estamos aqui? Você os avisou?

– Temos um aparelho na central que identifica em que dimensão se encontram os cristais. Eles sabem que estou aqui por causa disso – disse Thiago, segurando novamente os dois cristais nas mãos. – Entretanto, nem podem desconfiar que trago companhia.

Quando ouvi Thiago dizer que minha presença seria uma surpresa para os habitantes daquele planeta, comecei a suar frio. Mas meu receio só durou até ouvir sua voz, tranqüilizando-me:

– Não temas. Meus amigos não lhe farão mal algum. Mesmo porque, se não fosse você, eu não estaria vivo e, consequentemente, não estaríamos aqui.

Thiago abriu a porta principal do casarão e pude observar mais de perto o cenário maravilhoso que vi lá de cima, minutos antes. Um longo campo se estendia até onde minha vista podia alcançar. Uma quantidade infinita de flores formava um lençol colorido sobre o chão. A variedade de plantas existentes era visível. Somente um estreito caminho de areia cortava aquele campo, seguindo em linha reta para o horizonte. O perfume das flores era bastante intenso e não sou capaz de comparar com nem um outro existente na Terra. Ao fundo, podia-se ver uma minúscula árvore, sem conseguir, no entanto, distinguir sua cor, devido à lonjura.

Olhei para o lado direito e avistei no chão a sombra do casarão. Foi só então que me dei conta do imenso sol que o cobria. Posso dizer com total segurança que o sol de Zeugma era umas seis vezes maior do que o da Terra. Seus raios eram fortes, mas não agressivos como nos nossos conhecidos dias de verão. Tampouco irritavam os olhos ao olhar diretamente para eles. Suas cores também eram diferentes: uma mistura de laranja e violeta. Jamais imaginei que tal coisa pudesse existir.

– Lá vêm eles! – disse Thiago, apontando para o lado esquerdo.

Ao olhar para a direção indicada por Thiago, avistei um pequeno objeto prateado se aproximando bem ao fundo. Vinha planando sobre as flores, sem tocá-las, como se estivesse flutuando. Lembrei-me dos filmes de extraterrestres que queriam invadir e dominar o mundo e passei a pensar como seriam os habitantes daquele planeta. Imaginei seres de aparências horríveis, de cabeças gigantes com um grande vão espaçando os olhos. Seres tirânicos e maldosos que capturavam pessoas de outros mundos para realizarem as mais estranhas experiências com seus corpos. Olhei para Thiago, que permanecia calmo, e tentei me controlar. Thiago pertencia àquele mundo, era óbvio que seus outros habitantes também devessem ter uma aparência semelhante à dele. Ou não?

Com uma velocidade extremamente rápida, em poucos instantes o objeto parava bem a nossa frente. O veículo parecia um carro, só que bem mais simples e pequeno. Havia espaço para quatro pessoas: duas na frente e outras duas atrás. Não existiam rodas, ele flutuava no ar. Também não havia faróis, retrovisores, nem mesmo janelas de vidro ou teto: era totalmente aberto.

Os Cristais Mágicos

O ocupante do veículo desceu. Era um senhor de meia-idade. Sua pele, esbranquiçada, se parecia com a tonalidade da de Thiago. Vestia roupas claras e compridas. Comparei suas vestimentas com os nossos famosos macacões. Nos pés, usava um sapatinho esquisito meio arredondado nas pontas, de um material que deu a impressão de ser bem macio, como algum tipo de tecido. Ele nos olhou com afeição e não se demonstrou surpreso com minha presença. Em seguida, deu um passo a frente e abraçou fortemente Thiago. Falou algo que não pude compreender. Imaginei que estivesse falando em alguma língua nativa. O indivíduo abria a boca, mas não saíam palavras conhecidas por mim. Na verdade, não saía voz alguma, apenas alguns ruídos e chiados bem imperceptíveis. Uma maneira bem estranha de se comunicar.

Após os cumprimentos com Thiago, o senhor se aproximou de mim e, abraçou-me, fazendo aqueles mesmos ruídos estranhos.

– Ele está dizendo que é um grande prazer tê-lo aqui conosco. Que você seja bem-vindo! – traduziu Thiago.

O senhor retirou do "macacão" uma pequena caixa quadrada. Dentro dela havia dois minúsculos objetos idênticos. Colocou um em cada ouvido.

– Agora sim! – exclamou. Na verdade, o som que saíra de sua boca era o mesmo ruído de anteriormente. Só consegui entender o que o senhor disse porque aquela voz havia saído da caixinha que ele estava segurando, e não dele. Parecia ser um tradutor de voz. – Como vai, meu rapaz? – perguntou, dirigindo-se a mim.

– Bem, porém um pouco impressionado com os últimos acontecimentos – disse, titubeante.

– Ah, ah, ah. Isso é normal. Logo você se sentirá como se estivesse em casa. Na sua língua não existe tradução para o meu nome, por isso, escolhi um nome bem fácil. Pode me chamar de João. – disse o homem e, voltando-se para Thiago: – Você já lhe contou toda a história, Thiago?

48   Carlos Eduardo Cavalini

– Bom, tivemos alguns contratempos e ainda não consegui terminar. Estava na parte da cachoeira quando você apareceu. Porém, não cheguei a revelar quem era o garoto que atravessou o portal.

– Pois já é hora de você saber, Samuel. Pode continuar, Thiago. Eu o ajudarei se for necessário.

Thiago olhou para mim e disse com seriedade:

– Samuel, é muito importante que você preste atenção no que vou falar agora. Estava lhe dizendo que um menino havia atravessado o portal. A partir deste episódio, juntamos nossas inteligências e decidimos realizar um teste: um dos nossos cientistas transporia o portal junto com o garoto de volta para a Terra. Ele então deixaria o garoto a salvo em seu planeta e voltaria para cá. Tudo isso seria acompanhado por todos nós. Antes da "viagem" de volta à Terra, preparamos um equipamento chamado "captador de energia", já utilizado por nós em outras experiências. Ele ficaria posicionado e ligado no momento do transporte para a outra dimensão. Não sabíamos se nossa ideia iria funcionar. O ponto crucial estava na volta de nosso cientista que acompanharia o rapaz. Sabíamos que sempre quando alguém atravessava um portal, parte da energia do planeta de origem vinha com essa pessoa. Infelizmente essa condição durava pouquíssimos segundos, por isso, deveríamos agir rápido. Planejávamos, no instante da chegada de nosso cientista aqui em Zeugma, captar a energia trazida por ele do planeta Terra através de nosso aparelho e, desta forma, transferi-la para outro objeto. Assim foi feito. Nosso plano correu perfeitamente bem: havíamos conseguido transferir a essência da energia do planeta Terra para nosso instrumento. Passar a energia do equipamento para o cristal foi coisa bem mais simples.

– Coisa simples? De que forma vocês conseguiram isso? – perguntei curioso.

– Tem a ver com partição e direcionamento de moléculas. Seria bastante complicado explicar isso. Você não entenderia, e

Os Cristais Mágicos

49

também não é necessário. O principal você já conhece. Não tem mais nada para perguntar? – disse Thiago.

– Bom, o que adianta? Você acabou de dizer que eu não entenderia.

– Sim, sim. Mas você deixou passar uma coisa muito importante – desta vez foi João quem falou.

Pensei por alguns instantes e continuei não entendendo o que queriam dizer. Balancei a cabeça negativamente.

– Não vai perguntar quem era o garoto que atravessou o portal? – disse Thiago.

– Ah, sim. Quem era o garoto? Eu conheço? – perguntei, lembrando-me de que Thiago havia dito que ainda não tinha revelado a identidade do indivíduo.

Os dois me olharam fixamente e então eu pude compreender. Eu era o rapaz do portal. Descobrir aquilo foi um choque para mim. De repente veio-me à mente a época em que eu era criança, quando participava do grupo de escoteiros. Sim, eu havia quase me afogado na cachoeira. Por mais que eu tentasse me esforçar, ainda não conseguia me recordar completamente do ocorrido. Existia um espaço não preenchido em minha memória.

– Então... o garoto era eu? – perguntei.

Thiago e João concordaram com a cabeça.

– Mas por que eu não consigo me lembrar? A minha vida inteira eu tive vários *flashs* a esse respeito e eu sabia que havia acontecido alguma coisa. Só não era capaz de me lembrar dos detalhes.

– Você não se lembra pois não seria bom para você ter o conhecimento de tudo o que aconteceu lá na cachoeira. Por isso, decidimos bloquear esse episódio de sua memória. Desta forma, você poderia continuar com sua vida tranquila na Terra, sem qualquer perturbação. Quando tiramos do consciente qualquer vivência, as impressões sempre ficam em nosso subconsciente. Sabemos que está lá, mas não podemos acessá-las. Foi o que ocorreu com você – explicou João.

50   Carlos Eduardo Cavalini

– Assim como fizemos você esquecer, também podemos trazer de volta para o seu consciente tudo aquilo que desejarmos. Venha, Samuel. Sente-se nesta cadeira – disse Thiago, apontando para uma cadeira encostada na parede lateral do casarão.

– O que você vai fazer?

– É apenas uma técnica para as pessoas que possuem memória fraca. Sempre funciona – disse rindo. – Estou brincando. Você agora vai poder se lembrar com detalhes do que aconteceu realmente.

Thiago e João conduziram-me até a cadeira e disseram que o processo seria bem simples. Eu me sentei e Thiago permaneceu atrás de mim, com as mãos em meus ombros. João ficou à minha frente.

Diferentemente do que havia ocorrido com outras coisas no interior da casa, não tive nenhuma impressão em relação à cadeira. Era uma cadeira normal, de madeira, sem cheiro ou qualquer outra intensificação dos sentidos.

– Esta cadeira é bem simples – comentei.

– É para não distrair a atenção das pessoas que aqui se sentarem. Agora você deve fechar os olhos e se concentrar inteiramente na minha voz. Tente voltar ao passado, ao incidente da cachoeira. Coloque todas as suas energias naquela época e se esforce para lembrar o que aconteceu.

Fiz exatamente como ele me pediu, procurando me concentrar ao máximo.

– Farei uma certa pressão com as mãos na sua nuca. Concentre-se nas lembranças.

Thiago posicionou as mãos um pouco atrás das minhas orelhas e a pressão foi ficando cada vez mais intensa.

– Vou retirar minhas mãos e, a partir do momento que eu fizer isso, você se lembrará de tudo. Preparado? Contarei até três. Um, dois, três! Lembre-se! – ordenou Thiago, ao mesmo tempo em que afrouxava os dedos.

Os Cristais Mágicos

51

Quando a pressão sumiu por completo, pude recordar. De repente, tudo ficou claro para mim. Era como se fizesse parte de meu ser e eu nunca tivesse esquecido.

Lembrei-me de quando fui retirado das águas, ainda meio inconsciente, por uma moça chamada Lana. Ela me colocou na beira do lago e fez a respiração boca-a-boca conhecida aqui na Terra. Após algum tempo, surgiram dois homens e me carregaram para dentro de um espaço coberto, parecido com um acampamento, e colocaram-me em uma cama. Pude reparar que os três se mostravam preocupados com minha saúde, pois se reuniram em um canto e passaram a conversar em uma língua estranha, impossível de ser compreendida. Em seguida, Lana veio em minha direção e tranqüilizou-me, sem dizer uma palavra, apenas transmitindo-me pensamentos como: "tudo ficará bem", "não se preocupe". Não sabia de que forma ela havia feito aquilo, mas eu entendi perfeitamente o que Lana queria me dizer.

– Lana não abriu a boca para falar comigo. Como consegui compreendê-la? – perguntei. Desta vez foi João quem respondeu.

– Lana possui a telepatia em grau avançado. Ela consegue se comunicar apenas por pensamentos. Mesmo se a língua falada é outra, a essência daquilo que se quer dizer é a mesma e, desta forma, ela consegue fazer com que outra pessoa a compreenda. Porém, ela possui uma dificuldade: não consegue captar os pensamentos de outras pessoas, pode apenas transmitir os seus.

Continuei com minhas recordações. Lana se aproximou de mim e me aplicou uma injeção parecida com aquela que eu havia utilizado em Thiago. Dormi não sei por quanto tempo. Ao acordar, percebi que Lana continuava ao meu lado.

– Que lugar é este? – perguntei.

Lana não me respondeu. Permanecia quieta, olhando e sorrindo para mim. Segurou minha mão e fez um sinal com a cabeça para que eu a seguisse. Eu me sentia muito bem, estava restabelecido. Não tive medo. Então eu me levantei e deixei que ela me conduzisse.

O local era um espaço coberto, sem paredes, apenas com um "teto" de um material metálico erguido por quatro hastes nas pontas.

Enquanto caminhávamos para fora, Lana foi me dizendo, através de pensamentos, que logo eu voltaria para casa. Chegamos à beira do lago. Ela se sentou e eu me sentei ao seu lado. Ficamos assim, parados, por alguns minutos, só observando a água.

Eu não sabia onde estava e nem quem era aquela mulher, mas por incrível que pareça, eu me sentia tranquilo e confiante com sua presença. Não tinha ideia de que aquele planeta não era a Terra. Tudo era tão semelhante que me passou despercebido. O sol estava se pondo às minhas costas e mal pude vê-lo. Nem mesmo ele foi capaz de me fazer perceber que me encontrava distante, mas muito distante da Terra.

Voltei a insistir:

– Onde estou?

Lana, novamente, não me respondeu. Ela continuava me olhando, e apenas sorria. Instantes depois, surgiram atrás de nós os dois homens que haviam me carregado para a cama. Um deles estava segurando um bastão com uma ponta tripla. Ele passou por nós sorrindo e foi andando para o meio do lago com o objeto. Bem próximo à queda da cachoeira, fincou o bastão no chão e deu meia-volta, indo ao encontro do outro senhor. Lana levantou-se e me transmitiu o seguinte pensamento: "agora você vai para casa, irei com você".

Adentramos o lago e caminhamos para a queda d'água. "Esta é a única forma de voltarmos para sua terra. Nada de mal vai acontecer. Fique seguro junto a mim", dizia ela. Assim fomos andando até o ponto em que atravessei o portal do planeta Terra para Zeugma. Não demorou muito e minha visão foi ficando esbranquiçada. Lana estava ao meu lado quando abri os olhos e constatei que me encontrava no mesmo lugar. Já estava de volta à Terra. "Pronto! Voltamos. Venha, vou colocar a

Os Cristais Mágicos

mão em sua testa e você terá apenas uma vaga lembrança disso tudo", disse Lana.

Quando voltei a mim, já estava no chão, com Lucas dando leves tapas em meu rosto para me fazer voltar ao normal. A única coisa que consegui guardar em minha memória foi a presença daquela moça, embora não pudesse recordar de seu rosto.

– O que aconteceu com Lana depois que o pessoal do acampamento de escoteiros me encontrou? – perguntei.

– Ela voltou ao portal, para Zeugma. Mas trouxe consigo o que mais precisávamos: as vibrações necessárias que serviriam de passagem para o seu mundo. Ao chegar a Zeugma, o captador, aquele bastão que você deve ter visto o senhor colocar no lago, captou essa energia. Com um pouco mais de trabalho, conseguimos transferir a energia para o cristal azul, fazendo com que ele tivesse as características necessárias para nos transportar de volta ao planeta Terra, sem precisarmos utilizar o portal na cachoeira. – disse Thiago.

Levantei-me da cadeira e andei de um lado ao outro procurando colocar os pensamentos em ordem.

– Estou perplexo. Passei todos esses anos sem nada saber disso. Por que resolveram aparecer em minha vida agora?

– Não estava em nossos planos esse encontro. Mas foi necessário. Após a criação do cristal azul, realizamos o mesmo processo, só que ao inverso, para criarmos o cristal verde, que serviria de transporte para Zeugma. Ao todo, desenvolvemos cinco "cristais mágicos". Cada um deles nos levava a um mundo diferente. E assim fomos fazendo nossos experimentos nessas diferentes dimensões. O terceiro cristal a ser desenvolvido foi o branco, que levava ao planeta de Alexandre. Seu planeta era bastante desenvolvido cientificamente e decidimos nos mostrar abertamente aos seus habitantes, fazendo-nos conhecer. Grave erro! Julgávamos que, por estarem em uma situação tecnológica bastante privilegiada, pudessem nos ajudar com as experiências. Na nossa ânsia de conhecimento, acabamos não levando em conta um fator importantíssimo: o amadurecimento moral dos habitantes daquele planeta. Mas isso nós fomos descobrindo aos poucos, e bem tardiamente.

– Conheci Alexandre, um dos grandes cientistas daquele planeta, e ele se mostrou uma pessoa de intelecto formidável. Então formamos um grupo de três cientistas viajantes: eu, Rafael, um companheiro de nossa equipe, e Alexandre. Nosso relacionamento era amigável e não pudemos perceber as segundas intenções de Alexandre. Ainda não havíamos revelado de que forma tínhamos transferido as energias dos portais diretamente para os cristais. Era exatamente isso que Alexandre desejava!

– Após algum tempo em contato com aquele planeta, percebemos algo muito estranho: ele estava dividido em dois. Não era só uma divisão física, mas mental também. Uma parte da população, uma minúscula parte, detinha o conhecimento avançado da ciência. Este grupo de pessoas se localizava num ponto do planeta e era impossível que o resto dos habitantes se aproximasse dele. Havia uma barreira magnética invisível que mantinha o resto das pessoas para fora. Pessoas estas que viviam na miséria. Mal podiam se sustentar em seus corpos. Não havia comida suficiente e eles brigavam entre si. Possuíam também um certo grau de desenvolvimento científico, mas em nada se comparava com o grupo em que Alexandre se encontrava. Posso dizer que o conhecimento deles era parecido com o dos habitantes da Terra.

– Quando descobrimos a existência dessa divisão separando os habitantes, tivemos a certeza de que aquele planeta não era tão evoluído como havíamos imaginado. Nos mundos superiores não existe separação alguma e os mais fortes sempre auxiliam os mais fracos, diferentemente do que estávamos presenciando. Desde então, passamos a agir com cautela. Questionado sobre essa divisão, Alexandre disse que já haviam procurado

Os Cristais Mágicos

modificar aquele sistema de organização, no entanto, todas as tentativas tinham sido infrutíferas. Ao conversar com as autoridades do planeta, sentimos um certo desdém da parte deles quando nos oferecemos para ajudá-los na unificação das suas terras e de seus habitantes. Também sentimos a indiferença de Alexandre, por mais que ele tentasse disfarçar.

– Fizemos uma reunião em Zeugma e decidimos cortar as relações com aquele planeta. Eles ainda não estavam prontos para receber a ciência em grau tão avançado. O poder, sem dúvida alguma, acionaria características imperfeitas de suas personalidades e o resultado disso seria imprevisível.

– Alexandre, há algum tempo, já demonstrava uma mudança de comportamento e, de certa forma, acredito que ele já intuía que seria desligado do nosso programa. Por um momento, até chegamos a pensar em deixá-lo com a gente, auxiliando-nos em nossa pesquisa. Entretanto, debatemos muito e achamos por bem excluí-lo de nosso grupo. O poder é algo impressionante. Modifica as pessoas, ou melhor, faz com que elas mostrem o que realmente são na essência. Quem poderia nos garantir que depois que Alexandre tivesse todo o nosso conhecimento científico, ele decidisse voltar ao seu planeta e reparti-lo com as grandes autoridades de lá? Eles poderiam utilizá-lo para o mal, o que seria lastimável.

– Como Rafael e eu tínhamos um maior contato com Alexandre, nós o chamamos para uma conversa franca. Ele nos levou para uma sala e fechou a porta. Estávamos em seu planeta e achamos natural sua atitude. Então, revelamos nossas intenções. Conversamos aproximadamente uns trinta minutos e não pudemos perceber nenhuma reação da parte dele. Parecia conformado. De repente, Alexandre retirou um objeto do bolso e me golpeou na cabeça, jogando-me para o outro lado da sala. Não era um objeto comum, pois não tive dor alguma na cabeça. Senti que ele havia injetado alguma substância em meu corpo. Estava perdendo os movimentos e ficando fraco.

– Após Alexandre ter me derrubado, Rafael saltou em cima dele e os dois foram para o chão, em uma luta bastante intensa. Eu me arrependi amargamente de não ter trazido uma arma magnética de Zeugma. Teria resolvido todos os nossos problemas. Não carregávamos armas conosco, pois isso nunca havia sido necessário. Esquecíamos que em outros mundos a situação era diferente. Havíamos sido imprudentes.

– Estava caído no chão, vendo a luta dos dois. Percebi claramente o que Alexandre queria: os cristais. Rafael estava com o cristal azul e o branco e eu com o verde e o amarelo. Ele nos mataria e ficaria com os cristais! Alexandre era mais ágil do que Rafael e levava vantagem. Podia ver o desespero nos olhos do meu amigo e eu nada podia fazer para ajudá-lo. Não conseguia me levantar, muito menos me mover. Por fim, Alexandre dominou Rafael, fixando em sua cabeça o mesmo objeto que havia me atirado para longe. Sabia que Rafael não sobreviveria. Instintivamente e, com muito esforço, consegui segurar o cristal verde nas mãos. Em seguida, coloquei-o no cilindro, preparando o processo de transporte de volta à Zeugma. Esta era a única forma de eu sair vivo daquele lugar. Foi muito difícil abandonar Rafael, mas eu não tive escolha. Alexandre ficaria de posse de dois cristais e eu não poderia deixar que ele pusesse as mãos nos outros dois. Assim fiz. Não esperei para ver a morte de meu amigo. Retirei o cristal do cilindro e segurei-o nas mãos. Esta foi a última coisa de que me recordo.

– Ao chegar a Zeugma, fui socorrido pelos nossos cientistas, que tiveram os cuidados necessários para o restabelecimento de minha saúde, retirando a estranha substância que Alexandre havia injetado em meu corpo. Contei-lhes o ocorrido e foi uma tristeza para todos, principalmente para mim. Passados alguns dias, tivemos uma reunião para discutir de que maneira poderíamos recuperar os cristais que Alexandre havia roubado. Ele estava com o branco, que servia de portal para seu próprio mundo, e também estava com o cristal azul, que tornava possível o transporte para o planeta Terra. Nossa grande preocupação era com a Terra. Não sabíamos o que eles planejavam fazer com o seu planeta, Samuel.

– Nossa! Não imaginava que as coisas eram tão complicadas assim – falei. – Quer dizer então que cada cristal leva para um mundo?

– Exatamente. Nós estamos de posse do cristal verde que, como você percebeu, foi capaz de nos transportar para Zeugma, e do cristal amarelo, que é especial. O cristal amarelo nos leva a um mundo muito superior ao nosso. Raramente o utilizamos, pois não conseguimos permanecer lá por muito tempo. Existe muita luz e sabedoria naquele planeta. Ainda não estamos preparados para viver como eles, por isso, apenas podemos vislumbrá-los por alguns segundos.

– Mas você disse que foram desenvolvidos cinco cristais. Você só falou de quatro. Onde está o outro? – perguntei.

– O outro não existe mais. Era o cristal vermelho. Ele foi destruído, pois nos levava a um mundo tão inferior que era praticamente impossível ficar lá por mais de um minuto. Perdemos dois cientistas na tentativa de explorar aquele mundo. Depois disso, decidimos que não valia a pena nosso esforço, poderíamos perder mais vidas se insistíssemos. Acabamos por destruí-lo. Algumas coisas Samuel, nasceram para permanecerem ocultas.

– Entendi – falei. – Só mais uma coisa: você disse que o cristal azul serve de portal para o planeta Terra, e que o mesmo está com Alexandre. Como então vou poder voltar para Terra? Ficarei para sempre neste mundo? – perguntei.

– Não, Samuel. Vocês poderão voltar à Terra, só que de uma forma um pouco mais complicada – respondeu João.

– Que forma é essa? – perguntei preocupado.

– Vocês farão a mesma coisa que você fez quando era garoto e, sem querer, atravessou o portal para Zeugma. O portal, na cachoeira, ainda existe. Ele será utilizado por vocês dois para regressarem à Terra.

– Certo. Estou vendo que terei que me molhar se quiser voltar para casa.

João e Thiago riram, concordando.

– Só não entendi como foi que esse portal surgiu na cachoeira.

– Samuel, este portal está lá desde que o mundo passou a existir. É algo bastante raro acontecer, mas existem alguns pontos no planeta que possuem uma energia diferente, parecida com a dos buracos negros do espaço. Essa energia pode ser utilizada como portal. Já ouviu falar no "Triângulo das Bermudas"? Pois é, ele também pode ser considerado um portal. Até hoje, conseguimos contar no planeta Terra três portais distintos – disse João.

– Um é o da cachoeira. O outro é o que você acabou de falar: o "Triângulo das Bermudas". E o terceiro? – perguntei.

– O terceiro portal está muito bem guardado. Mas você, talvez, ainda irá conhecê-lo, se estiver de acordo com nossos planos – disse João e, voltando-se para Thiago, perguntou abruptamente: – Você chegou a travar alguma conversa com Alexandre lá na Terra? Vamos, conte-me logo, estou ansioso para saber o que ocorreu.

– Sim, nós tivemos um encontro. Foi bastante tenso. Quase vi pela segunda vez Alexandre cometer um assassinato. Os acontecimentos se precipitaram e fui obrigado a falar com Samuel antes da hora. Não sei por que diabos ele começou a dirigir sem parar pela estrada. Passei a segui-lo por todo o trajeto. De repente, Samuel deu entrada no estacionamento de uma lanchonete. Parou o automóvel e entrou no estabelecimento. Eu fiquei esperando sua volta. Foi então que ocorreu o inesperado: avistei Alexandre saindo de um carro e seguindo Samuel para dentro. Durante muitos meses eu esperava aquela oportunidade de me encontrar novamente com Alexandre e recuperar os cristais. Era a minha chance.

Os Cristais Mágicos

– Devo dizer, Samuel, que você era o nosso elo. Depois da reunião que tivemos em Zeugma, ficou decidido que eu voltaria à Terra e passaria a segui-lo. Eu seria a sua sombra. Acompanharia você em todos os lugares que fosse, zelando pela sua integridade. Mais do que isso: minha missão era ficar atento à aproximação de Alexandre. Este era o plano. A única forma de encontrar Alexandre era através de você. Ele conhecia a sua história, Samuel. Sabia que os cristais só haviam sido criados depois que você atravessou o portal para Zeugma. Alexandre, sem dúvida alguma, teria a mesma ideia que a nossa e passaria a segui-lo, na esperança de me encontrar e tomar os outros dois cristais. Por isso, você não deveria ter consciência da minha presença. O melhor era deixar que Alexandre o interceptasse primeiro. Então eu apareceria e intercederia, retomando os cristais roubados. Mas nosso plano não deu muito certo.

– Mais do que depressa, saí do carro e entrei na lanchonete atrás de Alexandre. Com certeza os cristais estariam com ele, pois, de outra forma, não teria conseguido atravessar o portal para a Terra. Havia também outra preocupação: meu dever era proteger a vida de Samuel e não deixar que nada de mal lhe acontecesse. Desta vez eu estava preparado: trazia comigo uma pequena arma paralisante. Com um único golpe era capaz de paralisar por completo uma pessoa e eu não hesitaria um segundo sequer em utilizá-la contra Alexandre. Ao entrar na lanchonete, procurei-o em todos os cantos. Ele havia desaparecido. Só podia enxergar um monte de caminhoneiros e Samuel, sentado em um banco, comendo um lanche. Nada de Alexandre. Fiquei sem saber o que fazer. Todos olhavam para mim, inclusive Samuel. Poderia dar meia-volta e ir embora, mas e se Alexandre estivesse me observando? Ele poderia se aproveitar da situação e tomar Samuel como seu refém, obrigando-me a lhe entregar os cristais. Pensei melhor e decidi me aproximar de Samuel. Tinha que tirá-lo de lá imediatamente, não sabia o que Alexandre estava planejando. Ao contrário do que supunha, não fui bem recebido por Samuel.

– Peço desculpas pelo meu comportamento. Mas espero que você possa me compreender, afinal de contas, se estivesse em meu lugar, talvez tivesse agido da mesma forma. Imagine comigo: tinha acabado de ser deixado pela minha namorada, roubado pelo meu sócio, e ainda tinha que ouvir umas baboseiras de um senhor que nem conhecia! O que você queria que eu fizesse? – disse eu.

– Sim, você tem razão. Entretanto, minha situação era delicada, não podia deixá-lo lá, à mercê de Alexandre. Foi então que nós tivemos aquela conversa nem um pouco proveitosa. Após sua saída da lanchonete, ainda tentei chamá-lo, mas foi inútil, você não me deu atenção. Corri atrás de você novamente e, ao sair, seguindo a parede frontal, ouvi um barulho de porta se fechando. Eu fui me aproximando lentamente e percebi vozes dentro de uma sala. Reconheci a voz de Alexandre, vocês estavam discutindo. Não conseguia entender direito sobre o que falavam e, de repente, tudo ficou em silêncio. Alguma coisa de muito grave estava ocorrendo. Segurei a arma paralisante nas mãos e abri a porta de uma só vez. Somente naquele momento pude observar o que acontecia: Alexandre estava prestes a desintegrá-lo, da mesma forma que havia feito com Rafael. Quando me viu, Alexandre retirou a arma e você caiu inconsciente no chão. Olhamos um para o outro por alguns segundos, sem dizer uma palavra. Desta vez, ambos estávamos com armas. Alexandre avançou para cima de mim e eu, já esperando sua reação, dei um passo para o lado. Ele passou por mim e eu o atingi com a arma nas costas. Alexandre caiu paralisado no chão. Fui ao seu encontro e passei a revistá-lo, em busca dos cristais. Dava pra ver o ódio estampado em seus olhos, mas ele nada podia fazer. Eu permanecia tranquilo, pois demoraria um bom tempo para que Alexandre recuperasse os movimentos. Olhei por to-

Os Cristais Mágicos 61

dos os cantos de sua roupa e nada. Onde estariam os cristais? Não havia mais tempo a perder com ele. Voltei minha atenção para você e percebi que não estava nada bem. Corri para o seu lado e tomei seu pulso. Sua situação era grave, estava perdendo os batimentos. Precisava carregá-lo até meu carro e pegar uma daquelas "injeções" que tinha em minha maleta. Naquele instante olhei para Alexandre e ele havia desaparecido. Achei muito estranho, pois a ação paralisante ainda não tinha perdido o efeito. De qualquer forma, Samuel, peguei você em meus braços e levei-o até o carro. Apliquei o devido medicamento e consegui estabilizar sua saúde. Após toda aquela correria, peguei o carro e dirigi até meu apartamento, acomodando-o na cama. O resto você já conhece, Samuel. Apenas devo acrescentar, João, que provavelmente Alexandre, de uma forma que não consegui identificar, injetou alguma coisa estranha em minha corrente sanguínea. Sei que ele desejava a minha morte e depois de quase duas horas, comecei a passar mal. Foi o próprio Samuel quem me socorreu. Penso que ele desejava me seguir e quando a substância fizesse efeito, viria ao meu encontro e roubaria os cristais. Eu então, já estaria morto. Por isso acredito que fui marcado com algum rastreador para que ele pudesse me achar depois.

– Você fez um bom trabalho Thiago – disse João.

– Acho que não. O principal, que era recuperar os cristais, não consegui.

– Não se preocupe com isso Thiago. Se Alexandre realmente injetou algum rastreador em sua corrente sanguínea, acho que ainda temos uma chance de recuperar os cristais. Faremos todos os testes lá no laboratório. Tenho uma ideia – falou João.

– Qual ideia? – perguntou Thiago

– Ainda é cedo para falar. Vamos voltar a este assunto mais tarde – disse João. – O que mais me impressionou foi a rápida recuperação de Alexandre, depois que você o paralisou.

– Também fiquei abismado. Os habitantes daquele planeta

são bastante inteligentes, devem ter criado algum tipo de vacina para nossa arma paralisante.

Ficamos em silêncio por alguns instantes e comecei a pensar no que tinha vivido naquelas últimas horas. A experiência que eu estava tendo era fascinante. Thiago só estava tentando me ajudar. Eu havia caçoado dele e, até algum tempo atrás, ainda duvidava de suas palavras.

– Puxa. Não sabia de todas essas coisas, Thiago. Só tenho a agradecer o cuidado que teve comigo e peço desculpas se o ofendi alguma vez com minha desconfiança – falei.

– Não precisa agradecer, você também já salvou minha vida. Quanto à sua desconfiança, isso é natural. Somos propensos a duvidar daquilo em que não acreditamos – disse Thiago, sorrindo.

– Acho que agora já está tudo esclarecido. Devemos ir até o laboratório e fazer os devidos exames em vocês dois. Não queremos ter nenhuma outra surpresa, não é mesmo? Vamos – convidou João, seguindo para o pequeno carro.

João abriu a porta e nós entramos no carro. Thiago e eu sentamos no banco de passageiros. Não precisou levantar o banco da frente, como fazemos de costume na Terra, pois havia espaço suficiente para irmos para o banco de trás. Notei que também não existia volante. Havia um painel na frente do "motorista" com alguns pontos luminosos. João posicionou o dedo em alguns deles e o carro começou a andar automaticamente.

– Estou utilizando uma velocidade convencional para que você, Samuel, aprecie o caminho e observe as características de nosso planeta. Mas saiba que, se quiséssemos, poderíamos chegar ao laboratório em poucos segundos, bastando apenas eu dar uns comandos aqui no painel – disse João.

– Imagino que distância não seja problema para vocês. Acho que andar devagar assim deve ser bastante tedioso para os habitantes deste planeta – falei.

João e Thiago se entreolharam e sorriram.

Os Cristais Mágicos

63

– Engano seu, Samuel. Nós não temos a pressa toda que vocês têm lá na Terra. Não precisamos sair correndo para chegar a algum lugar. A maioria dos habitantes de Zeugma prefere andar como nós estamos andando agora, numa velocidade média, em comparação com os carros da Terra. Gostamos de apreciar a vista, o ambiente, as pessoas... Nós gostamos de sentir o vento em nossos rostos. Sentir, essa é a palavra. Vocês, na Terra, não sabem sentir as coisas. Estão sempre correndo feito loucos. Parecem robôs automáticos: fazem as coisas e nem sabem o que nem por que estão fazendo. Vivem a vida e quando chegam aos cinquenta ou sessenta anos, não sabem dizer com exatidão o que fizeram de suas vidas – disse Thiago.

– Nisso você tem razão. Estamos sempre muito ocupados e pouco tempo temos para fazer o que realmente gostamos. Trabalhamos de forma bastante mecânica, às vezes nem prestando atenção no que estamos fazendo – falei.

– Sim, é assim mesmo que vocês fazem – afirmou Thiago.

– Por que agimos dessa forma, Thiago? – perguntei.

– Por que vocês se preocupam em demasia com coisas que não possuem tanta importância. Mas o planeta Terra está em constante desenvolvimento. Um dos pontos cruciais em seu planeta, causador das grandes desavenças e atrasos no crescimento espiritual é o medo. A Terra é o planeta do medo.

– Medo? Por que diz isso?

– Porque é verdade. Claro que existem muitas outras imperfeições, mas se vocês pudessem eliminar o medo, já estariam dando um grande passo na evolução. Não estou me referindo àquele medo instintivo que em determinada situação de perigo, por exemplo, nos ajuda a sair de uma fatalidade iminente, e sim, àquele medo constante, às vezes até inconsciente, que nos acompanha durante toda a vida. Vocês têm medo de perder aquilo que acham que possuem. Medo de perder o emprego; medo de não serem correspondidos em um amor; medo de decepcionar as pessoas amadas; medo de não corresponderem ao que esperam de vocês; medo de não serem nada na vida. Mas o principal é o medo das mudanças. E sem mudança, não há evolução. Crescimento requer atitude e não estagnação.

Pensei no que Thiago acabara de dizer e, mais uma vez, ele tinha razão.

– Você alguma vez já teve algo importante, mas tão importante, que achou que se chegasse a perdê-lo algum dia não sobreviveria? – perguntou Thiago e, sem esperar minha resposta, prosseguiu: – O que quero dizer é que, por mais importante que algo nos pareça, sempre poderemos avançar sem ele. Por mais decepcionados e desesperados que estejamos, haverá sempre uma forma de recomeçarmos. O sol sempre vem depois da tempestade. Isso se chama recomeço, Samuel. Então por que nos preocuparmos se vamos perder alguma coisa se, de uma forma ou de outra, um dia a perderemos? Tudo se transforma, e o que vemos hoje, não veremos mais amanhã.

Imediatamente pensei em Cibele e na desgraça que se abatera sobre mim. Eu havia perdido tudo! Era para mim que ele estava dizendo aquilo. Não concordei com a posição de Thiago.

– O que você diz não tem sentido. Se não é pra se preocupar com o que temos, então uma pessoa rica, por exemplo, pode sair por aí esbanjando seu dinheiro para se satisfazer sem se preocupar que um dia sua fortuna pode se acabar. Se for do jeito que você fala, ele não se importará, pois de um modo ou de outro ele sabe que um dia vai perdê-la. Por que então zelar pelo que se tem? O que você diz não está muito correto. Se fosse assim, cada um iria fazer o que quer e o mundo seria uma bagunça só.

Thiago balançou a cabeça em sinal de reprovação e disse:

– Vocês, terráqueos, sempre pensam de forma muito bipolar. Se não é branco, tem que ser preto. Se não é escuro, tem que ser claro. Se não é bom, tem que ser mau. Vocês não conseguem conceber um meio termo? – suspirou Thiago. – Vamos supor

Os Cristais Mágicos

que você goste de sorvete e o sabor que mais aprecia é o de limão. Então você vai a uma festa e de sobremesa, adivinha? Sorvete! De todos os sabores que você possa imaginar. Só não tem o sorvete de limão. O que você faz? Fica sem tomar sorvete porque o sabor que você mais gosta não está lá? Ou você pega uma segunda opção?

Pensei por alguns instantes e depois respondi:

– É claro que eu vou pegar algum outro sabor, não vou ficar sem sobremesa, não é mesmo? – falei sorrindo.

– Pois então. Você achou um meio termo. Assim tem que ser para tudo. Como já diziam alguns dos seus antepassados: devemos sempre seguir o caminho do meio. Não existe uma pessoa completamente boa ou completamente má. Até a pessoa mais terrível do mundo ainda guarda dentro de si uma sementinha de amor.

– Certo, mas o que isso tem a ver com o que a gente estava conversando? Com o fato de não nos preocuparmos se vamos ou não perder alguma coisa?

– Você ainda não compreendeu. Não é só por que eu disse que não precisávamos nos preocupar com a perda dos nossos bens ou das pessoas que estão à nossa volta, que vamos simplesmente nos esquecer deles e jogar tudo para o alto! Devemos cuidar daquilo que temos, sem apego. O apego nos prende às coisas ou às pessoas e não nos deixa livre para agirmos. Jamais tenha medo de correr riscos e de cometer erros, pois tudo faz parte de um aprendizado – suspirou Thiago mais uma vez. – Agora chega de falarmos. O momento é para observar e sentir. Não é a toa que estamos viajando a esta velocidade. É uma grande oportunidade que você está tendo, então aproveite, observe o ambiente, respire este novo ar. Daqui a alguns minutos estaremos no laboratório – disse Thiago encerrando o assunto, sem me dar margem para outro questionamento.

Olhei para João e ele apenas me sorriu. Passei então a observar aquele novo lugar. O carro continuava com a mesma velocidade, dando leves solavancos para cima e para baixo. Eu sentia algo diferente, nunca sentido antes, que não conseguia explicar. Sim, era a vibração daquele campo florido. Aquela sensação, eu jamais vou esquecer. Podia quase que tocar a energia vinda daquelas flores coloridas, leve, suave, bastante diferente daquele ambiente pesado que sentimos na Terra. O perfume, acompanhado dos movimentos do carro, trazia-me uma paz tão grande que, como disse anteriormente, fazia com que eu esquecesse quase por completo a decepção com a Cibele. Nada mais tinha importância para mim, somente aquele momento. Acho que eu estava começando a compreender o que Thiago havia me explicado.

Olhava para frente e podia perceber algumas pequenas construções bem ao fundo. Ainda não podia identificar o que era, mas supunha serem pequenas casas agrupadas. De repente, ouvi o canto bem baixinho de algum animal vindo do alto.

– Olha ali! – disse João, apontando para a esquerda. – São os nossos amigos lhe dando as boas vindas.

Segui a direção que João estava mostrando e vi diversos pássaros voando bem rápido ao nosso encontro. Pareciam corujas, com a diferença de não terem a cara achatada como a delas e a de serem de uma cor bastante curiosa: um azul cintilante. Pude contar quase vinte delas, voando sobre nossas cabeças, bem baixinho. Elas soltavam uns grunhidos que, misturados, ficavam em perfeita sintonia, quase que formando uma canção.

– Não pense você, Samuel, que esses animaizinhos não têm consciência do que estão fazendo. Eles sabem muito bem o que fazem e o estão prestigiando com esta música. Eles vieram por que agora nós não estamos mais na zona de recepção – disse Thiago.

– Zona de recepção? O que é isso? – perguntei.

– Digamos que é o lugar em que recepcionamos os habitantes de outros planetas não muito avançados. Os seres que habitam Zeugma não se aproximam de lá, pois sabem que poderiam assustar aqueles que ainda não estivessem acostumados

Os Cristais Mágicos

com sua presença. Por isso criamos um local específico para receber essas pessoas que, de certa forma, são privilegiadas e especiais, pois de outro modo, não estariam aqui. Você não se lembra do primeiro impacto que teve quando se deu conta de que estava em outro planeta? Imagine se você, logo de cara, começasse a ver animais estranhos fazendo coisas inimagináveis. Iria se assustar, não é mesmo? Por isso preparamos as pessoas aos poucos, até elas irem se acostumando com as nossas diferenças – respondeu Thiago.

Ouvia atento a explicação de Thiago quando um dos pássaros voou um pouco mais baixo e pousou em meu ombro esquerdo. Levei um susto.

– Calma, ele não lhe fará mal algum – tranqüilizou-me João.

Com o animal em meu ombro, pude observá-lo melhor. Não era grande, um pouco maior do que um pombo. Por mais incrível que pareça, não possuía penas, mas sim, pelos. Eram pelos bastante fofos, como os dos nossos cachorros poodles. Parecia uma bolinha de pelos enrolada sobre duas patas. Sua cor, azul fluorescente, brilhava com intensidade, refletindo os raios do sol. O carro, em movimento, fazia vento, lançando parte de seus pelos em meu rosto.

– Nossa! Que estranho! Seus pelos parecem de animais de pelúcia! E são pelos!– disse espantado.

– Sim, é a comparação mais próxima que podemos fazer. Esses animais são extremamente dóceis, assim como todos os que habitam este planeta. Não temos predadores ou seres que possam nos fazer mal. Aqui, por já termos alcançado um grau um pouco mais avançado na escala da evolução, não precisamos comer uns aos outros. Tudo o que necessitamos para sobreviver se encontra nas frutas, nos legumes e em outros vegetais – disse João.

– Então vocês não comem carne? – perguntei.

– De forma alguma. Não precisamos dela. Aliás, não suportaríamos ter que matar um desses animaizinhos para comê-lo. Temos uma aversão muito grande à carne – respondeu Thiago.

– Vocês são realmente estranhos – falei, enquanto a pássaro balançava a cabeça para cima e para baixo.

– Pode tocá-lo, se quiser – disse Thiago.

Segui a sugestão de Thiago e, ainda meio receoso, passei a mão na cabeça e no corpo do animal. Ele pareceu gostar, pois se inclinou para o lado. Os pelos davam a impressão do bichinho ser maior do que verdadeiramente era.

– Acho que ele gostou de você! – falou Thiago sorrindo. – Olhe para o bico dele, parece que está querendo lhe dar alguma coisa.

O pássaro abriu o bico devagar e pude perceber que segurava uma pequena bolinha vermelha, semelhante a uma ameixa.

– Vamos, pegue, é uma fruta. Ele quer que você fique com ela – disse Thiago.

Aproximei minha mão de seu bico e segurei a fruta. Mal havia acabado de fazer isso e a ave soltou um grunhido, tomou impulso e alçou vôo. Ela se uniu ao restante dos pássaros, que continuavam voando em cima do carro e, juntos, seguiram para outra direção. Nem tive tempo de agradecer o presente.

– Vejo que ganhou uma coisa, hein? Pode comer, é uma fruta bem doce – falou João. – Essas aves frequentemente nos presenteiam com frutas. Há muitas delas em nosso planeta. Elas andam em grupos e nos acompanham por todos os lugares.

– Ela não teve nem um pouco de medo de mim – disse eu.

– Aqui, os animais não nos temem, pois sabem que jamais lhes faremos mal algum. Ao contrário, eles nos servem com alegria, com prazer. Eles nos consideram seres superiores e somos para eles o que os anjos são para vocês lá na Terra. Gostam de trabalhar conosco. Quando damos a eles uma determinada tarefa ou missão, realizam-na contentes e felizes – explicou Thiago.

– E como vocês conseguem explicar a eles o que querem que façam?

Os Cristais Mágicos

– Os animais daqui possuem uma mentalidade diferente dos da Terra. Assim como este planeta e todos os seus habitantes são mais evoluídos, os animais que aqui vivem também seguem esse mesmo padrão de desenvolvimento. Eles possuem uma intuição muito mais aguçada e conseguem entender, às vezes por telepatia, o que queremos dizer. Tenho certeza que aquele animalzinho que saiu de seu ombro percebeu a sua gratidão pelo presente.

– Puxa, nunca pensei que isso pudesse existir – falei.

– Pois existe sim – disse Thiago. – Você não vai comer a fruta? – perguntou sorrindo.

– Ah sim, claro. Vocês querem? – ofereci.

– Não, Samuel, já comemos muito dessas – respondeu João. – pode apreciá-la à vontade, você vai gostar.

Passei levemente a fruta vermelha na camisa, procurando limpá-la, pois, afinal de contas, ela saiu de dentro do bico de uma ave. Não olhei para o lado, mas pude perceber leves risos de João e Thiago.

– Vocês têm certeza de que esse negócio não vai me fazer mal? – perguntei, ainda duvidoso.

– Pode ficar tranqüilo. Esta fruta é mais saudável do que muitas coisas que vocês comem lá na Terra – respondeu Thiago.

Levei a fruta vermelha até a boca e dei uma mordida. Seu gosto era doce. A textura era bastante densa, como se fosse castanha ou noz, mas o sabor lembrava o do melão. Gostei.

– Diferente, mas eu gostei. Não é parecido com nada que eu já tenha visto.

– Eu disse que você ia gostar – falou João.

– Estamos quase chegando, Samuel – afirmou Thiago.

Olhei para frente e percebi que já estávamos bem próximos às construções que havia avistado anteriormente. Acredito que permanecíamos dentro de um vale ou uma planície e, naquele momento, havíamos saído dela, pois olhei ao redor e notei que existiam casas por todos os lados. Mas não como na Terra, ou pelo menos no bairro em que eu morava, no qual ficava uma casa ao lado da outra, tudo muito apertado. Para cada ponto que eu olhava, havia um grupo de casas ou construções. Entre esses grupos, existia um espaço enorme de campo florido separando-os, igual ao que nos servia de caminho para chegar ao laboratório. Sim, havia algumas pequenas árvores também. Não vi nenhuma árvore muito grande, todas pareciam ser de um tamanho médio, sei lá, talvez uns cinco ou seis metros.

Na medida em que fomos nos aproximando daquilo que se assemelhava a uma vila, fui percebendo que cada agrupamento era formado por tipos diferentes de casas. Bem ao longe, destacavam-se obras parecidas com castelos modernos. Contei seis ou sete deles, bastante próximos um do outro. Eram imensos e de tal magnitude que cintilavam, como se fossem feitos de vidro. Mais à esquerda, notei dezenas de pequenas construções arredondadas e, ao lado direito, estendiam-se algumas casas quadradas de dois andares. Separando essas duas formas de habitação, existia um enorme lago, de águas cristalinas, com várias pessoas se banhando. Pude perceber também diversos habitantes passeando de mãos dadas pelos campos floridos.

– Nós estávamos em uma planície, por isso você não conseguia uma vista completa e, quando chegamos ao topo, o horizonte se estendeu, mostrando-lhe as nossas ocupações – falou Thiago.

O carro continuava em movimento, faltando apenas alguns metros para o nosso destino: o laboratório. Era um prédio de três andares rodeado por dezenas de "casinhas" quadradas. Questionei Thiago sobre a organização daquela cidade.

– Aqui em Zeugma não há cidades. Este, aliás, é um grande erro existente na Terra. Vocês separam o planeta em continentes, países, estados, cidades... No fim das contas, acabam dando privilégios para alguns lugares e excluindo outros. Então, as pessoas que moram nessas regiões desprezadas saem em busca dos melhores lugares, provocando, assim, um aumento exagerado de população em determinado ponto do planeta – explicou Thiago. – Aqui, nós fazemos diferente. Existem diversos tipos de moradias ou lugares de lazer e meditação, como você já deve ter visto. Cada conjunto desses ambientes está reservado para uma finalidade. Aquelas casas em formato circular são as mais comuns por aqui. Em cada uma delas habitam três ou quatro pessoas. Geralmente são pessoas afins, que gostam de coisas parecidas, como música, artes, pintura, literatura, desenho ou qualquer outro ramo da ciência. Então eles decidem ficar juntos para trocarem experiências e conhecimentos. Também habitam nelas as famílias recém formadas. Digo recém formadas, por que depois de determinado tempo, eles podem não permanecer juntos. Nosso conceito de família é muito diferente daquilo que vocês acreditam lá na Terra. A paixão, de um homem por uma mulher ou vice-versa, da maneira como vocês entendem, não existe por aqui. Não conhecemos aquele sentimento que os deixam conturbados, retirando sua paz e fazendo com que ajam de maneira absurda, cometendo muitas vezes os crimes mais banais. O que há é uma afinidade entre os seres que os faz se unirem e construírem uma família. Os filhos nascem, crescem e aprendem o caminho correto com seus pais. Mas depois de um tempo, quando já estiverem preparados para caminhar com os próprios pés, ficam livres para decidir o que quiserem. Geralmente "abandonam" a casa dos pais para se dedicarem aos seus ideais de vida. Mas o amor existente entre eles jamais termina e quando se revêem é uma grande alegria.

Thiago fez uma pequena pausa e eu fiquei pensando naquele modo estranho de organização.

– Estou curioso. Como é o trabalho de vocês por aqui? Quer dizer, quem é que decide quem faz o que? Se uma pessoa quer ser astronauta, por exemplo, ou artista, existe algo que a impeça? Na Terra, nossa grande dificuldade é a situação financeira.

Pouquíssimas pessoas conseguem seguir a profissão que realmente sonharam em abraçar – perguntei.

– Isso não existe aqui em Zeugma, Samuel. Somos livres para fazer o que quisermos, desde que não prejudiquemos o nosso próximo – disse Thiago.

– Mas não é possível. E aquelas profissões de menos prestígio, que quase ninguém quer, como lixeiro, pedreiro, sapateiro? Sei que são profissões dignas como qualquer outra, mas imagino que o sonho dessas pessoas não era esse. Elas desejariam, talvez, ser qualquer outra coisa, que lhes desse maior destaque na sociedade e também um salário melhor.

– Quanto a essas profissões, nós temos máquinas que substituem a mão de obra humana. Também temos alguns animais que se prontificam a nos ajudar; eles gostam muito de ser úteis.

– Estou admirado. Quer dizer então que podem escolher a profissão que quiserem? E o salário, como é que vocês o aplicam nas tarefas de maior responsabilidade? – perguntei.

– Nós não temos salário, Samuel – respondeu Thiago.

– Vocês não têm salário? Trabalham de graça? – perguntei, confuso.

– Nós não trabalhamos de graça. Trabalhamos pelo prazer de servir e de ser útil. Trabalhamos para ajudar as pessoas que precisam, para o bem e para a evolução.

– E como vocês conseguem dinheiro para comprar alimentos, roupas, utensílios, objetos pessoais, entre outras coisas de mais importância, como uma casa, por exemplo?

– Aqui em Zeugma também não existe essa coisa chamada dinheiro. Existem diversos pontos no planeta, que são locais específicos, onde ficam organizados todos os alimentos trazidos pelas máquinas. Quando precisamos de alguma coisa, vamos até lá e pegamos. Nós também temos um sistema de plantações diferenciado em que tratamos o solo, não permitindo que haja o seu enfraquecimento – explicou Thiago.

Os Cristais Mágicos

– Quem é que supervisiona isso? Uma pessoa pode muito bem ir até esse lugar e pegar um monte de alimento só para ela, não deixando nada para os outros – disse.

– E por que é que alguém ia querer pegar todo o alimento?

– Para o caso de um dia ele faltar – respondi.

Thiago balançou a cabeça negativamente:

– Vocês têm umas ideias um pouco estranhas. Nós temos alimentos suficientes para todas as pessoas, eles não vão faltar. Mesmo se faltasse, não acredito que alguém vá fazer uma coisa dessas – disse Thiago.

– Mas e se fizer? O que vai acontecer com ela? Vocês vão prendê-la? – perguntei.

– Bom, se isso acontecer, não vamos fazer nada. Ela sabe que estará errada, não precisamos puni-la. Sua própria consciência será sua punição e ela se sentirá mal por si mesma. Samuel, ninguém aqui vai agir dessa forma porque conhecemos a lei do amor e sabemos que quando a transgredimos, o resultado é o sofrimento – explicou Thiago.

– Certo. Mas o que você me diz dos objetos? Esse carro, por exemplo, quem é o dono dele? – perguntei.

– Ninguém, ou melhor, todos nós, inclusive você.

– Não entendo.

– Também existe um local apropriado para os veículos. Basta irmos até lá e pegarmos um, quando precisarmos – disse Thiago.

– E se todos os veículos estiverem sendo utilizados?

– Nesse caso, esperaremos a chegada de algum.

– Então você admite que possam faltar veículos? – perguntei, vitorioso.

– Sim, podem faltar. Mas isso é raro acontecer e, depois, não nos custa nada esperar – falou Thiago. – Não somos perfeitos, Samuel, mas procuramos fazer o melhor possível para nosso bem-estar, sempre pensando no coletivo.

Fiquei desarmado com a resposta de Thiago. Havia muitas coisas a aprender sobre aquele planeta. Pensei na Terra e em quão grande era o seu atraso. O sistema de Zeugma com certeza não serviria para nós, que já estamos tão acostumados com o dinheiro e com a posse que ele nos proporciona. Comentei isso com Thiago.

– Tem razão. Vocês ainda não estão preparados para isso. Mas posso dizer que, em breve, muitos acontecimentos vão eclodir na Terra. Após isso, apenas habitarão a Terra os escolhidos, aqueles que estiverem preparados para assumir um novo governo e uma nova forma de vida. Então, vocês terão toda a ajuda que necessitarem.

As palavras de Thiago fizeram ressurgir uma pontinha de esperança em meu coração. A Terra não estava de todo perdida.

– Está vendo aquelas construções de dois andares, à sua direita? São ambientes de estudo, como se fossem bibliotecas. Qualquer pessoa pode ir até lá e consultar o que deseja – disse Thiago, apontando para o lado.

– Bom, se na Terra já estamos na era da informática, devo supor que vocês também usem computadores. Então pra que precisam de bibliotecas, se podem guardar toda a informação por meio eletrônico, ou qualquer outro meio mais avançado do que o nosso? – perguntei, confuso.

– Sim, Samuel, nós usamos computadores, se é que podem ser chamados assim. Nós utilizamos nessas bibliotecas livros impressos, apesar de serem em menor número, e também uma placa especial. É uma placa de metal do tamanho de um livro comum, com capacidade muito grande de armazenamento e com possibilidade de conexão com o nosso computador central. Com esta placa é possível obter toda a informação de que temos conhecimento até agora. Conseguimos informações não só deste mundo, mas de outros mundos e de outros universos. É uma tecnologia que deixaria espantados os mais brilhantes cientistas de seu planeta. Mas deixe eu lhe perguntar uma coisa, Samuel: quantas pessoas você conhece no seu mundo que preferem ler um livro digitalizado a ler um livro impresso? – perguntou Thiago.

– Poucas. Na verdade, acho que não conheço nenhuma. A maioria prefere segurar o livro nas mãos – respondi.

– Pois esse é um dos motivos de também termos livros impressos. Muitas pessoas gostam de sentir o cheiro do papel e segura-lo nas mãos. Não possuímos tantos exemplares assim, apenas o suficiente para dar a chance de experimentarmos a tranqüilidade de ler um livro nos mais antigos moldes – sorriu Thiago. – Saiba que desenvolvemos diversas tecnologias capazes de transmitir para nós a informação dos livros. Uma delas é um aparelho que colocado em cima de qualquer livro capta, através de uma energia magnética, todo o seu conteúdo. Depois, esse mesmo aparelho é conectado ao nosso cérebro por um mecanismo de sintonia que vocês ainda não conhecem e em fração de segundo tudo aquilo que está contido no livro é passado para nós. Esta técnica também pode ser utilizada nas placas, bastando simplesmente indicarmos o conteúdo específico que desejarmos. Nosso aparelho não é capaz de nos transmitir toda a informação que a placa possui, existe um limite, pois de outra forma, em um espaço bem curto de tempo poderíamos saber tudo o que se passa no universo sem termos tido a experiência necessária para tanto. Tenho que confessar a você que, surpreendentemente, quase não usamos esse aparelho. Preferimos ler alguma coisa nos livros ou nas placas. É uma tecnologia sensacional, porém, a informação vai direto ao cérebro, impedindo que tenhamos contato com os nossos sentidos, principalmente a visão. Essa invenção é mais utilizada quando necessitamos de uma informação rapidamente, mas isso, somente em caso extremo.

– Gostaria muito de conhecer essas bibliotecas – disse eu.

– Não se preocupe, se tivermos tempo eu as mostrarei a você. Mas tudo vai depender da reunião que iremos ter com nossos cientistas daqui a pouco, depois da inspeção no laboratório. Vamos ter que agir o quanto antes para tentar recuperar os cristais, seu planeta pode estar correndo perigo. De qualquer forma, sempre haverá outras oportunidades, Samuel – falou Thiago.

– Vejo que paciência é uma palavra que também existe por aqui.

Thiago apenas concordou com a cabeça e continuou com a explicação sobre as construções.

– Temos outros inúmeros estabelecimentos, com as mais variadas funções. Daqui não se pode ver, mas existe um lugar específico para buscarmos alimento. Esses alimentos são levados para lá por máquinas especiais que fazem todo o serviço: adubam, plantam, cuidam do desenvolvimento, entre outros. Quando já está na época de colheita, nossas máquinas fazem todo o trabalho.

– Puxa, não sobra nada para as pessoas fazerem? – perguntei.

– Sim, sempre há trabalho para nós. Se algo correr errado, então inspecionamos as máquinas. Mas isso só em último caso. Existem muitos animais que nos ajudam nessa tarefa de colheita de alimentos. São seres especiais, diferentes, que possuem uma inteligência um pouco mais refinada do que os animais do seu planeta e também não trabalham por que nós os obrigamos, mas sim, porque querem servir, querem ser úteis e gostam de fazer aquilo que pedimos. É como eu disse anteriormente: nós somos para eles o mesmo que os anjos são para vocês lá na Terra.

Balancei a cabeça concordando simplesmente por educação, pois no fundo, ainda tentava compreender que tipo de animais seriam esses.

– Está vendo aqueles castelos quase transparentes? Eles possuem uma energia fantástica e são utilizados para meditação. Qualquer habitante pode ir até lá e usufruir da sua vibração. São utilizados também como habitações de seres mais evoluídos, que geralmente permanecem no último andar, pois é

Os Cristais Mágicos

77

mais fácil para captar a energia do sol e transferi-la para o ambiente. Chamamos estes seres de mestres e eles são responsáveis pelo equilíbrio de nosso sistema. Permanecem quase o tempo todo lá em cima trabalhando com as energias dos cosmos, enviando boas vibrações para as criaturas de mundos inferiores. Vivem de uma maneira bastante diversa da nossa e até para nós é complicado entendê-los. De vez em quando eles saem dos castelos e caminham entre a gente. Então, é uma verdadeira festa! Fazemos um banquete e conversamos sobre todos os assuntos. Eles nos aconselham e nos orientam em nossas experiências científicas. Aprendemos muito com seus ensinamentos. Já faz um bom tempo que nossos mestres não saem de suas habitações, não é mesmo João?

– Pois é, Thiago. Este é um dos assuntos sérios que devemos tratar. Enquanto você estava na Terra, eles vieram ter conosco. Não aprovaram nem um pouco o fato de termos confiado os cristais mágicos aos líderes do mundo de Alexandre. Conversamos muito sobre essa situação e eles nos orientaram em diversos pontos, entre eles, o de abandonarmos as experiências com os cristais – respondeu João.

– Abandonarmos o projeto? Você tem certeza disso? – perguntou Thiago.

– Exatamente. Eles disseram que havíamos deixado nossa emoção liderar nossa razão. Foram bastante duros conosco. Segundo eles, criticamos tanto a ambição de Alexandre e de seu planeta que ficamos cegos para enxergar que também estávamos sendo movidos por este mesmo sentimento perigoso. A comparação que fizeram chocou todos nós, mas não tínhamos como rebatê-los. Estavam certos! Na nossa ânsia de conhecimento, tínhamos ultrapassado os limites, colocando em risco a vida dos habitantes de diversos planetas – falou João.

– Sim, se eles disseram isso, é por que estão certos. Então quer dizer que deixaremos tudo como está? Os cristais ficarão

com Alexandre? Ainda acho que isso seria um grande erro...
– disse Thiago.

– De forma alguma deixaremos os cristais com aquela criatura! Nossos mestres nos deram certas orientações que nos ajudarão a recuperá-los. Somente depois de termos os quatro cristais nas mãos é que vamos abandonar o projeto. Isso já foi discutido e decidido pelo nosso grupo de cientistas – explicou João.

– Agora sim eu entendi. Devemos primeiro reparar nosso erro – respirou profundamente Thiago e, voltando-se para mim:
– Está vendo, Samuel, como não somos tão perfeitos assim? Também cometemos erros e falhas. Bastou uma grande descoberta para nos colocar à prova.

– Se esses seres são tão superiores assim, como é que eles não previram que isso fosse acontecer? Mais ainda: já que aconteceu esta tragédia, por terem maior conhecimento e serem mais evoluídos, não poderiam eles recuperar os cristais de uma forma mais fácil? – perguntei, não entendendo o motivo pelo qual os mestres não poderiam ajudá-los na recuperação dos cristais.

– Sim, Samuel. Eles sabiam de tudo o que iria acontecer de antemão, pois compreendem que tempo é algo que não existe. Possuem a consciência de que passado, presente e futuro são uma coisa só. Desta forma, eles conseguem distinguir inúmeras possibilidades e probabilidades, antes que elas aconteçam. Nossos mestres previram que iríamos realizar a criação dos cristais. Previram também a possibilidade de dois deles caírem em mãos erradas. Entretanto, não interferiram, pois puderam ver, ainda, as possibilidades de voltarmos a ter os cristais roubados – disse João. – Assim funcionam as coisas no universo, Samuel. Nós temos a liberdade de fazer o que quisermos de nossas vidas, desde que não prejudiquemos as criaturas não merecedoras desse sofrimento. Muitas vezes vemos uma pessoa sendo oprimida, e achamos que é uma injustiça de Deus, que aquele indivíduo não merece aquilo. É um engano, Samuel. Se passamos

Os Cristais Mágicos
79

por situações difíceis é por dois motivos: ou por que já fizemos alguém sofrer em algum momento no passado, e por isso devemos quitar nossa dívida de perdão com a gente mesmo, ou por que aquela situação complicada nos fará dar mais um passo no caminho de nossa evolução espiritual. Como você pôde ver, nossos mestres não nos abandonaram. Eles vieram ao nosso encontro quando perceberam que as coisas estavam saindo fora de controle, fornecendo orientações e incentivos para buscarmos os dois cristais roubados. E respondendo à sua outra pergunta: sim, eles poderiam muito bem recuperar facilmente os cristais. Mas eles não farão o trabalho para a gente, pois se o fizessem, tirariam a grande oportunidade que temos para aprendermos e evoluirmos com nossos erros.

– Vocês falam coisas muito profundas e complexas para mim. Percebo que é verdade, mas ainda não consigo compreender totalmente. Talvez um dia eu compreenda – disse eu, demonstrando minha dificuldade.

– Não há complexidade alguma, tudo é muito simples, nós é que complicamos. Mas não se preocupe com isso, Samuel, aos poucos nossas explicações começarão a fazer parte de sua vida, ou melhor, você começará a adotar novas posturas na vida, levando em conta as experiências que está tendo neste mundo. É algo que carregará para sempre com você – disse João.

Fiquei pensativo por longos segundos e só pude sair de mim quando senti o carro parar em frente ao que meus amigos chamavam de laboratório.

– Chegamos! Pode descer, Samuel – incentivou Thiago.

Capítulo 7

Dei um impulso com os braços e saltei ao chão. Desta vez, ele não estava forrado por flores, mas por algo que parecia ser areia. Uma areia bastante fina e clara. O prédio de três andares se estendia bem a minha frente. Tinha uma coloração azul bastante suave.

João deixou o carro parado ao lado, junto com mais dois veículos idênticos que também lá se encontravam.

– Vamos entrando, Samuel – disse Thiago, colocando a mão em meu ombro.

– Onde fica a porta? – perguntei, pois não conseguia identificar nenhum detalhe na parede que pudesse indicar que ali havia uma porta. Era como se fosse tudo uma coisa só, uma parede que se estendia até a junção com as laterais do prédio. Já no primeiro e no segundo andar podia perceber grandes janelas de vidro, porém era impossível ver as coisas existentes em seu interior, pois o reflexo impedia.

– Está bem a nossa frente. É só nos aproximarmos dela que você saberá – falou Thiago se divertindo com minha ingenuidade.

Demos alguns passos em direção ao laboratório e aconteceu exatamente o que Thiago dissera: ao chegarmos próximos à parede, surgiu um leve contorno amarelo retangular que se tornou transparente, mostrando o ambiente interno do piso térreo. Aquilo me lembrou as portas dos nossos *shoppings centers* que se abriam para os lados quando nos aproximávamos. A diferença é que no laboratório não se via porta alguma, simplesmente aparecia o espaço dela, permitindo que a gente "atravessasse" a parede.

– Nossa! Isso é incrível! – afirmei surpreso.

– É uma de nossas invenções – sorriu Thiago. – E olha que você já viu muitas coisas incríveis por aqui!

– Tem razão. Tenho que parar de me impressionar desse jeito. Pareço mais uma criança que nunca foi ao parque de diversões – falei, soltando uma gargalhada.

– Estou brincando. Nunca é demais nos impressionarmos com os detalhes. Eles é que fazem toda a diferença – comentou Thiago.

Esperamos até que João nos alcançasse e seguimos nós três para dentro do prédio. Meu coração estava em disparada e minha ansiedade me fazia tremer os joelhos enquanto íamos ao encontro dos outros cientistas. O ambiente era agradável. A estrutura do prédio era parecida com a do casarão para o qual Thiago me transportara, ao deixarmos a Terra. Ao meu lado direito havia uma imensa escada que levava aos dois andares seguintes. Do ponto em que eu estava, podia-se olhar para cima e ver os corredores do primeiro e do segundo andar, em que caminhavam algumas pessoas com macacões azuis, iguais ao de João. Avançamos um pouco mais e pude perceber que o salão era dividido em alguns pequenos ambientes, separados por uma divisória transparente, como se fosse um biombo. Havia uma grande mesa redonda ao fundo com algumas pessoas discutindo sobre alguma imagem em três dimensões que aparecia bem à frente. A perfeição era tanta que num primeiro momento cheguei a pensar que estava diante de uma cena real, e não de uma imagem transmitida por um holograma. Os cientistas gesticulavam apontando de tempo em tempo para algum detalhe da cena visualizada e falavam um de cada vez, no mesmo idioma de sons imperceptíveis que João utilizava. Quando nos viram, eles silenciaram e o senhor que se encontrava sentado na cadeira do centro levantou-se, sendo logo seguido pelos seus companheiros. João tomou a palavra e disse:

– Nosso viajante está de volta! E trouxe consigo mais um aliado.

O senhor, que pareceu ser o líder deles, disse algo que não pude entender, mas que foi imediatamente traduzido por João.

– Ele está dizendo que todos estão muito contentes de rever Thiago e felizes de terem mais uma pessoa para ajudar.

João continuava com a pequena caixinha tradutora de voz na cintura, permitindo, dessa forma, que eu entendesse tudo o que ele dizia. Enquanto de sua boca saia o idioma de seu planeta de origem, após alguns instantes, podia-se ouvir claramente, vindo da caixinha, a tradução para o português daquilo que ele falava. Assim, tanto eu quanto os habitantes de Zeugma podíamos compreender suas palavras.

Todos os cientistas haviam ficados em pé e um a um vieram nos cumprimentar com um abraço. Thiago, que não utilizava a caixinha tradutora, pois já havia aprendido o meu idioma, também ajudava João com as traduções de boas vindas. Foi então que João me apresentou uma pessoa nem um pouco esperada.

– Esta é Lana, a pessoa que o tirou da cachoeira. Você, com certeza, deve se lembrar dela – disse João, puxando pela mão a moça que estava atrás de si.

Até aquele momento não tinha notado sua presença. Lana saiu um pouco tímida atrás de João e com um sorriso me olhou fixamente. Olhei para ela e a reconheci imediatamente. Era uma pessoa muito bonita: quase da minha altura, tinha cabelos castanhos claros caídos até o meio das costas; possuía olhos verdes e rosto arredondado de perfeita simetria; sua pele era tão clara quanto a de Thiago e a de João.

Lana deu um passo à frente e inesperadamente abraçou-me. Um abraço aconchegante e carinhoso. Fiquei completamente sem jeito.

– É bom revê-lo – disse Lana.

Notei que ela não estava utilizando a caixinha tradutora como João. Apesar do sotaque típico, já conhecido por mim, pude entender perfeitamente suas palavras. Sua voz, um tanto aguda, transmitia uma paz bastante tranquilizadora. Tentei dizer algo a ela, mas não consegui, apenas abri e fechei a boca. Permaneci acanhado e ela continuou:

– Vejo que está mudado, já é um homem feito!

– Bom, mais ou menos. Mas você continua a mesma. Eu me lembro de você – disse eu, com grande esforço.

– Sim, minha aparência continua a mesma. Aqui, demoramos um bocado de tempo para parecermos mais velhos – disse ela sorrindo. – Mas eu estou mais velha sim, pode ter certeza, embora não aparente. O tempo aqui é diferente do tempo na Terra.

– Sim, Thiago já me explicou um pouco sobre isso – falei em tom bem baixinho.

Não sabia o que estava acontecendo comigo. Sempre fui uma pessoa bastante reservada e tímida, mas não daquele jeito. Aquela situação estava indo longe demais. Não sabia como me comportar e nem o que dizer para Lana. Eu estava realmente incomodado com sua presença.

– Bom, agora que vocês já foram reapresentados – sorriu João –, e já fizemos todos os cumprimentos, acho que já podemos partir para os testes no laboratório. Estou preocupado com a saúde dos nossos dois companheiros aqui, pois estiveram recentemente em contato com Alexandre e não sabemos se ainda existem substâncias estranhas em seus corpos.

– Acredito que não haja nada de errado com a gente – disse Thiago. – Tomamos todos os medicamentos devidos ainda lá na Terra. Além do mais, não sentimos nada de anormal e, pelo tempo que estamos aqui, já era para ter acontecido alguma coisa.

– Isso é verdade, mas mesmo assim, é bom prevenirmos, ainda mais no seu caso, Thiago. Devemos ver como anda a sua defesa – disse João, piscando para Thiago e, virando-se para mim: – Venha, Samuel, você será o primeiro. Depois você poderá conversar melhor com Lana, quando for a vez de Thiago.

Olhei para Lana e para Thiago, que me incentivou com a cabeça, e acompanhei João até uma pequena ala do salão, dividida com paredes de vidro, se é que posso qualificá-las assim. Havia um homem de macacão branco parado em frente à porta. João disse a ele que precisava realizar os exames completos em mim. O homem, então, conduziu-me para uma pequena sala retangular e disse, com a ajuda da caixinha tradutora, que eu deveria ir para o centro e ficar imóvel em cima de um círculo vermelho desenhado no chão. Assim fiz: caminhei até o local indicado e permaneci parado por alguns instantes. Enquanto eu me posicionava, o senhor saiu da sala. Imagino que ele deve ter dado alguns comandos, pois o ambiente foi ficando de uma tonalidade bem dourada. Mas aquilo durou apenas alguns segundos. Em seguida, a sala voltou para sua tonalidade habitual e o homem reapareceu, dizendo que eu já podia ir.

– Já acabou? É só isso? – perguntei admirado.

– Sim, já terminamos – sorriu o homem. – João está esperando-o lá fora.

Eu agradeci sua gentileza e fui ao encontro de João.

– Nossa, não achei que esses testes fossem tão rápidos. Ele nem coletou sangue ou retirou alguma chapa... Tem certeza que o senhor lá dentro não fez nenhuma bobagem? – perguntei, duvidando do procedimento.

– Não, de forma alguma – disse João, rindo de mim. – Aqui,

tudo é muito simples. Você reparou o círculo vermelho no chão? Pois então, dentro daquele círculo, o senhor que fez os testes liberou uma substância capaz de captar todos os problemas físicos que você tem e também as futuras doenças que você pode adquirir ao longo da vida. Tudo isso ficou gravado na memória daquela máquina – completou João, apontando para uma pequena caixa em cima de um balcão.

– Aquele quadrado minúsculo é uma máquina?

– Sim, tudo está conectado nele. Aquela pequena caixa é o cérebro que realiza todos os testes. Vamos até lá ver o que foi constatado em você – disse João.

Andamos até a formidável máquina de exames e João tocou em um botão fazendo surgir um pouco mais acima um holograma com alguns caracteres estranhos. Não pude compreender absolutamente nada.

– Vamos ver... Os exames estão dizendo que está tudo certo com você, que não há nenhuma substância nociva em seu corpo vinda de Alexandre. Bom, mas não é só isso. Ele também está dizendo que você possui frequentemente fortes enxaquecas e que de vez em quando é acometido por algumas dores musculares. Ah sim, você vai precisar usar óculos. Estou vendo aqui que você tem quase um grau de miopia. Você nunca percebeu que estava enxergando mal? – perguntou João.

– Bom, algumas vezes cheguei a pensar em ir a algum oculista, mas na verdade, nunca me detive nesse ponto. Puxa, esse exame está dizendo tudo isso mesmo? Ele está corretíssimo sobre as enxaquecas e as dores musculares. Impressionante! – falei espantado.

– É um exame extremamente detalhista. Devo preveni-lo sobre uma doença que futuramente você pode ter. Está relacionada com problemas cardíacos. É algo que você não precisa se preocupar por agora. Apenas fique alerta e vá com freqüência aos médicos lá da Terra, assim você poderá evitar uma grave doença – sugeriu João. – É só isso, não vejo nada de muito prejudicial em sua saúde.

– Que bom! – disse eu.

–Venha, agora vamos realizar os exames com Thiago.

Quando nos aproximamos dos outros cientistas, percebi que estavam todos em uma conversa bastante animada.

– Pronto, todos os exames foram realizados e Samuel está limpo. Não encontramos nada que pudesse ser danoso para sua saúde – disse João comunicando o resultado.

– Muito bem. Fico contente por isso – falou Thiago.

– Lana, por que você não mostra um pouco a beleza de nosso planeta para Samuel enquanto fazemos os testes em Thiago? – sugeriu João.

– Sim, com todo o prazer – respondeu Lana.

Os outros cientistas se dispersaram, seguindo cada um para as suas atividades e Thiago seguiu com João para a sala dos exames. Lana segurou minha mão, mais uma vez me surpreendendo com sua atitude espontânea, e arrastou-me para fora do laboratório.

Capítulo 8

Atravessamos a porta que se abriu a nossa frente e saímos daquele fabuloso prédio de experimentos. Lana continuava segurando minha mão e me conduzia para algum lugar. Comecei a reparar melhor na sua singela postura. Quando a vi pela primeira vez, alguns minutos antes, ela se mostrou tímida, até se escondeu atrás de João. Mas naquele momento, observando bem, pude mudar inteiramente minha opinião ao seu respeito: ela era uma pessoa decidida, incapaz de demonstrar insegurança.

Andávamos pelo caminho de areia quase que lado a lado: ela me puxava pela mão e eu me deixava levar. Lana vestia algo parecido com uma camisola rosa bem comprida, indo até os tornozelos. Olhei para os seus pés e notei que ela estava descalça, não utilizava mais aquele sapatinho esquisito que tanto João quanto os outros cientistas estavam usando dentro do laboratório. Não percebi em que instante ela se desfizera dele. Também não ousei perguntar o motivo de tê-lo retirado. Como se tivesse lido meus pensamentos, Lana disse:

– Deixei os sapatos no laboratório, logo que saímos. Você estava tão preocupado em se separar de Thiago que nem percebeu – sorriu ela. – É muito bom caminhar descalça por essas areias. Você devia experimentar, tire os sapatos e segure-os na outra mão – sugeriu Lana, parando de andar e soltando minha mão, para que eu pudesse seguir o seu conselho.

– Bom, não sei. Isso me parece meio estranho, não estou acostumado a andar descalço – falei, tentando me esquivar de ter que retirar os sapatos.

– Então tudo bem. Mas se mudar de ideia, não fique envergonhado em tirá-los, não vou me importar – disse Lana amigavelmente. – Quero levá-lo até aquele lago que separa os castelos de cristais. Ele é muito bonito. Está vendo? – perguntou Lana, apontando para sua direção.

– Sim, estou vendo. Mas isso vai demorar. Não é melhor voltarmos? Logo Thiago terminará de fazer os exames – falei um tanto preocupado.

– Vejo que você está preocupado demais. Temos o final da tarde para nos ocuparmos e não para nos "pré-ocuparmos" – sorriu Lana. – Thiago ainda levará algum tempo para sair do laboratório. Ele fará os exames e logo em seguida haverá uma reunião com os outros cientistas para decidir que medidas tomaremos para recuperar os outros dois cristais. Thiago nos contou que você já está sabendo de toda a história.

– É verdade, ele me falou a respeito de muitas coisas – disse eu.

Ela sorriu novamente e mais uma vez tomou minha mão, dando continuidade à nossa caminhada. Começamos a andar um pouco mais devagar e Lana passou a me explicar sobre as paisagens que podíamos ver a nossa volta.

– O lago segue até onde nossa vista pode alcançar, dando a volta naqueles castelos mais lá pra cima. Podemos nos banhar neste lago sempre que quisermos. Suas águas são refrescantes e captam a energia vinda diretamente do sol. Saímos dele fortalecidos – explicou Lana. – Perceba que em volta deste caminho de areia pelo qual seguimos, há um campo gramado, sendo que

Os Cristais Mágicos

em determinados pontos podemos observar um vasto espaço colorido, compostos por diversos tipos de flores.

Devo dizer que o campo gramado citado por Lana não possuía a tonalidade esverdeada tão conhecida por nós na Terra. Sua cor era de um azul bem claro e também tinha um formato diferente. Logicamente existem diversos tipos de gramados, mas aquele era bem longo e fino, lembrando bastante as folhas de uma árvore conhecida por "chorona". Ele se estendia por vários metros, formando um belo lençol pelo chão.

– Quando João e Thiago estavam me conduzindo de carro para o laboratório, pude perceber esta grande variedade de flores. Inclusive uma ave, que dava a impressão de ser meio gorducha, por causa de seus pelos volumosos, pousou em meu ombro e me ofereceu uma pequena fruta – disse.

– Ah, esses animais são uns amores! – disse Lana, jogando os cabelos para trás. – Eles sempre andam em grupos. Veja! Ali vai um monte deles – falou, apontando para umas dez aves voando bem ao fundo.

Acompanhei com os olhos sua mão e notei que os pássaros eram idênticos àquele que havia conhecido. Naquele momento uma grande sombra se fez sobre nós. Olhei para o alto e levei um susto: uma imensa ave, maior do que um avestruz, voava por cima de nossas cabeças e estava tapando a luz do sol!

– Não se assuste – disse Lana, vendo meu desconforto. – É apenas um animal dando sua última volta do dia – riu ela.

– Que animais estranhos vocês têm por aqui – disse, recompondo-me.

– Eles parecem estranhos porque você nunca os viu antes. É uma questão de costume. E olhe que você apenas se deparou com dois tipos deles! Existem outros animais por aqui que com certeza o deixariam de boca aberta – disse Lana, soltando uma gostosa gargalhada. – Mas todos os animais de Zeugma são mansos, não fazem mal a ninguém.

Seu jeito de falar e sorrir me eram muito familiares. Estava começando a ficar a vontade com sua presença, o que não era difícil, devido a sua desenvoltura. Parecia que nos conhecíamos há muito tempo. Podia me lembrar vagamente de Lana me tirando da cachoeira, ainda quando eu era uma criança, mas isso não explicava o motivo de minha afinidade com ela. Só não sabia se a minha impressão era a mesma que a de Lana.

Em minha cabeça, ainda restavam dúvidas sobre o porquê de Lana e Thiago falarem tão bem o meu idioma, enquanto que os outros cientistas eram obrigados a se valer de um equipamento eletrônico para conversarem comigo. Então perguntei:

– Por que só você e Thiago falam a minha língua?

– Thiago aprendeu o seu idioma porque ele é um dos nossos cientistas viajantes. Passava grande parte do tempo no planeta Terra, realizando as investigações sobre sua natureza e seus habitantes. Não seria nada bom se ele fosse pego com uma caixinha esquisita traduzindo um monte de palavras, não é mesmo? – disse Lana, sorrindo. – Era necessário também que estudasse os costumes dos seus conterrâneos, pois só dessa forma ele poderia se parecer com um terráqueo. Quanto a mim, depois que tivemos o nosso encontro na cachoeira, decidi que seria melhor que eu também soubesse o seu idioma, embora não fosse preciso, pois o meu trabalho consistia em ficar aqui em Zeugma e designar as respectivas missões para os nossos cientistas. Mesmo assim, por ser eu a tomar muitas das decisões, sentia-me no dever de aprender o máximo possível sobre nossas tarefas relacionadas aos cristais, sem contar que seria muito proveitoso poder conversar com você mais claramente, quando nos reencontrássemos.

A explicação de Lana tinha sido bastante esclarecedora. Pelo que eu havia entendido, ela era uma das pessoas que liderava os experimentos.

– Quer dizer então que você é uma das líderes de todo esse movimento? – perguntei, ainda meio receoso de ser um tanto invasivo.

Os Cristais Mágicos

91

– Mais ou menos. Digamos que eu, juntamente com João, conduzo as reuniões mais importantes – respondeu Lana.

– Bom, se você dirige as reuniões mais importantes, por que motivo você não está lá agora, com os outros cientistas? – perguntei intrigado.

– Porque estou lhe fazendo companhia.

Pensei por alguns instantes e continuei sem entender o real motivo de ela estar ali comigo.

– Não estou entendendo. Não devo ser tão importante assim. Você poderia ter chamado qualquer outra pessoa para ter ficado comigo, assim você participaria da reunião também. Imagino que você deva estar perdendo muita coisa – disse eu.

– Engano seu, Samuel. Temos outros cientistas bastante competentes por lá. E depois, o assunto tratado na reunião poderá ser-me passado numa outra hora. Não estou "pré-ocupada" com o que estão discutindo, estou sim, ocupando-me com nossa caminhada! – disse Lana.

Voltei novamente a sentir certo receio daquela presença tão bela e ao mesmo tempo tão firme. Lana percebeu minha mudança brusca de atitude ao saber que estava diante de uma líder na hierarquia daquele mundo.

– Não precisa ter medo de mim só porque lidero alguns cientistas! – sorriu Lana. – Pode ficar tranquilo, pois estamos conversando de igual para igual. Saiba que estou muito feliz em reencontrá-lo e que, para mim, é uma honra poder lhe mostrar algumas pequenas peculiaridades de nosso planeta e contar um pouco sobre nossa história – disse ela, olhando-me fixamente nos olhos.

Sua sinceridade me desarmou. Lana, sem nenhuma cerimônia, tomou minha mão mais uma vez e continuamos andando pelo caminho de areia.

Fez-se um longo silêncio entre a gente enquanto descíamos para o lago. Em determinado ponto do caminho, começaram a surgir dos lados diversas árvores, formando praticamente um corredor, impedindo que víssemos a imensa paisagem de minutos antes. Suas folhas não se mostravam totalmente verdes. A maioria delas era de uma cor meio amarelada. Imaginei que todas fossem da mesma espécie, pois eram bastante semelhantes. Elas encobriram a luz do sol, criando uma sombra. Senti que o ar se transformou, ficou mais leve e suave. Lana soltou minha mão e me surpreendeu novamente quando saiu correndo e abraçou uma das árvores.

– Adoro essas árvores! – exclamou ela, tocando as pontas dos dedos por detrás da árvore. – Aqui, as plantas, árvores e qualquer outro tipo de vegetação, também estão em um grau mais avançado na escala da evolução. Não existem plantas nocivas ou venenosas. Todas possuem uma finalidade, quer seja para nos alimentarmos ou nos fornecer alguma substância medicinal. Mas digo a você que são raros os casos de doença. Dificilmente ficamos doentes. Praticamente todos os habitantes de Zeugma estão em perfeita sintonia com a natureza e em paz consigo mesmo e, como a doença é algo que se inicia em nosso espírito, não há razão para adquirirmos qualquer enfermidade. Existem aqueles espíritos novatos, que nascem pela primeira vez aqui em Zeugma e podem ao longo de suas vidas contraír certa doença, mas isso nós chamamos de adaptação, em nada comparado com as terríveis enfermidades que vocês conhecem lá na Terra. Também temos aqui uma margem evolutiva: algumas pessoas são mais amadurecidas espiritualmente do que outras. Mas em geral, somos todos considerados "espíritos bons" e jamais seríamos capazes de fazer mal ao nosso próximo. É por isso que, para estar aqui em Zeugma, ou em qualquer outro mundo nessa faixa vibracional, é necessário ter-se vivido muitas existências e ter passado por muitas provações em mundos inferiores. Somente habitam esse planeta os espíritos que são merecedores para tanto.

– Puxa, isso quer dizer que eu não sou uma pessoa muito boa, caso contrário já estaria aqui com vocês – disse eu, decepcionado.

– Existem muitas pessoas boas no planeta Terra. A maioria, na verdade, só quer viver a vida em paz. Mas devido a uma minoria de espíritos inferiores, muitas dessas pessoas, por não estarem amadurecidas o suficiente, são influenciadas a seguir o caminho do mal, prejudicando assim, o planeta como um todo. Não existe uma regra geral, Samuel. Pode ocorrer também de espíritos mais avançados terem o desejo de retornarem para mundos inferiores a fim de ajudar na sua evolução. Mas não posso afirmar que esse é o seu caso. A única coisa que posso dizer é que, pelo fato de você estar aqui conosco, já significa que é por seu merecimento. Você é uma daquelas pessoas especiais que apenas precisa de um empurrãozinho para seguir o caminho correto – disse Lana.

Comecei a pensar nas coisas maldosas que já havia praticado durante minha vida e não fui capaz de criar uma lista muito grande. Somente podia me lembrar das minhas travessuras quando era criança.

– Venha, Samuel! O lago está bem ali – falou Lana, dando mais alguns passos à frente.

Terminamos de atravessar o "túnel" de árvores e nos deparamos com mais alguns metros de caminho de areia. Ao final, surgia o tão esperado lago. Lana caminhou até a beira e um pouco mais além, adentrando na água até a altura dos joelhos.

– Vamos! Venha sentir essa água! – exclamou Lana.

Desta vez, não tive como recusar. Achei que aquela seria uma oportunidade única e que tinha que aproveitá-la. As águas eram tão límpidas que se podia ver o chão. Retirei os sapatos e coloquei os pés nas areias. Estavam frescas e macias. Ao andar, sentia como se elas massageassem os meus pés. Agora sim entendia o porquê de Lana querer que eu ficasse descalço.

Quando cheguei próximo à beira do lago, surgiu-me uma

dúvida: só tinha aquela roupa. Como eu iria fazer depois para secá-la? Parei e fiquei olhando para Lana, sem saber de que forma deveria proceder. Acredito que ela entendeu perfeitamente minha indecisão, pois disse em seguida:

– Não se preocupe com suas roupas, pode entrar desse jeito mesmo. Elas secarão em segundos, assim que sairmos da água – disse ela.

Mesmo sem entender de que maneira minhas roupas secariam tão rápidas, confiei em Lana e comecei a dar os primeiros passos naquelas águas. Não estavam frias, como eu havia imaginado, mas sim, mornas!

– Nossa! Elas estão mornas! – exclamei.

– Sim. Essas águas se adaptam à temperatura de nossos corpos – disse Lana.

– Esse mundo é cheio de surpresas. Acho que posso ficar aqui por vários anos e ainda haverá coisas para descobrir.

– Podemos nos surpreender em qualquer lugar e em todos os momentos de nossas vidas. Basta prestarmos atenção em tudo o que há ao nosso redor e percebermos a sua grandeza. Mas, como já discutimos antes, estamos "pré-ocupados" demais para isso – sorriu Lana.

Ela tinha razão. Quantas vezes eu havia deixado de aproveitar momentos preciosos em minha vida exatamente por estar preocupado com coisas que, na verdade, não tinham tanta importância quanto pareciam. Infelizmente só somos capazes de nos dar conta quando já é tarde, e então notamos que já virou passado, e não existe mais volta.

Caminhamos dentro d'água um pouco mais para o fundo, até a altura do peito, e mergulhei diversas vezes, até tocar o chão com as mãos. Do lugar em que estávamos, conseguia avistar na outra ponta do lago diversas pessoas se banhando alegremente. Percebi também muitas crianças se divertindo, contentes, jogando água umas nas outras. Olhei bem para aquelas pessoas e

Os Cristais Mágicos

não pude deixar de observar a semelhança física existente entre elas e os habitantes da Terra. Senti que Lana estava me olhando e voltei minha atenção para ela. Lana era uma pessoa muito bonita. Fiquei novamente sem jeito com o seu olhar.

– Sabe, Lana, tanto você, quanto Thiago e João, ou todas as outras pessoas que conheci aqui em Zeugma, poderiam se passar perfeitamente por habitantes lá da Terra. A única diferença física que vejo em vocês é a tonalidade esbranquiçada da pele, nada mais do que isso – disse eu, tentando quebrar aquele silêncio que me deixava completamente inibido.

– Isso é verdade. E foi graças a essa semelhança que pudemos enviar nossos viajantes para a Terra sem que fossem descobertos ou causassem espanto nas pessoas de lá. Não sei se você se recorda de Alexandre, mas os habitantes de seu planeta também são parecidos com a gente, a grande diferença é a estatura, eles são bem mais baixos do que nós – disse Lana.

– Sim, eu me recordo daquele baixinho. Parecia um rapaz de vinte anos.

– As aparências enganam. Comparado com a Terra, Alexandre deve estar beirando os cinquenta anos.

– Vejo que tenho muito a aprender. Até pouco tempo atrás eu achava que os alienígenas tinham umas formas bem estranhas, que eram parecidos com monstros gigantes e que todos eram perversos e possuíam planos para destruir a Terra – comentei.

– Este é um pensamento típico de terráqueos. Vocês sempre imaginam as coisas mais terríveis. Digo a você, Samuel, que não existem monstros inteligentes capazes de articular os mais detalhados planos de destruição como vocês imaginam. Ou são monstros ou são inteligentes.

– Mas e aqueles indivíduos inteligentes que planejam os mais bárbaros assassinatos? Não são considerados monstros, apesar de não possuírem a forma de monstro, propriamente dita? – perguntei.

– Esses indivíduos são monstros, mas não são inteligentes da maneira como entendemos aqui em Zeugma. Inteligência para nós é estar em acordo com as leis universais, é agir sempre na direção do bem e do amor. O que eles possuem é um bom intelecto, nada mais do que isso. Agem sem sentimento e isso, para nós, não é ser inteligente, pois tudo o que fizerem de ruim para outras pessoas voltará para eles próprios – respondeu Lana.

– Eu ainda não entendi. Não é possível que todos aqueles filmes que vemos na Terra estejam errados. Deve existir algum grupo de extraterrestres com formas de dinossauros ou algo do tipo que queira dominar a Terra – insisti.

– Se você quer que eu lhe apresente um monstro como você acabou de me descrever, isso é impossível. Existem diversas classes de seres vivendo em diferentes mundos. Aqueles seres considerados inteligentes, ou melhor, com um nível razoável de intelecto, todos eles possuem a forma humanóide. Podem diferir muito de um planeta para outro: alguns são bem altos, com três ou quatro metros de altura. Pode acontecer do formato da cabeça, das mãos e dedos ser diferente. Podem ter dedos a mais ou a menos. Mas sempre serão humanóides e sempre terão o polegar opositor, que é uma característica do ser humano, pois o diferencia dos outros animais, fazendo com que possamos, com ele, ser capazes de segurarmos coisas ou objetos – explicou Lana. – Veja Alexandre, por exemplo: possui forma humanóide como todos nós, e é um indivíduo de um mundo razoavelmente avançado cientificamente. No entanto, ainda não aprendeu a dominar seus sentimentos mais baixos e, estando ele com o cristal capaz de transportá-lo para a Terra, pode sim ser considerado um monstro, se é como você prefere chamá-lo.

– Sim, concordo. Ele poderá destruir o planeta Terra se quiser.

– Bom, não exatamente, Samuel. Por mais que ele quisesse, não poderia prejudicar o planeta como um todo, pois existem certas energias no universo que o impediriam, por se tratar de muitas vidas em jogo. E nós fazemos parte dessas energias. É por isso que vamos resgatar os cristais.

– É uma tarefa bem complicada, não acha?

– Um pouco. Mas nós temos uma grande arma com a gente: estamos com a razão. Quando agimos sabendo que estamos fazendo o correto, não há por que temer. Façamos a nossa parte e, o resto, deixemos para os planos superiores – respondeu Lana.

Fiquei pensativo por alguns instantes, mas logo Lana veio me tirar de minhas reflexões.

– Vamos mergulhar! – disse ela, dando um impulso com as mãos para dentro d'água.

Lana nadava por debaixo d'água e eu podia vê-la dando voltas ao meu redor. Em pouco tempo apareceram peixes, que passaram a segui-la. Eram peixes enormes, de diversas cores, bastante parecidos com os da Terra. Lana voltou de repente para a superfície, bem a minha frente, chegando a ficar apenas alguns palmos de distância do meu rosto, para logo mergulhar novamente. Ela se divertia feito criança. Quem a visse brincar daquela forma, jamais imaginaria que ela fosse um dos cientistas responsáveis por todo o projeto dos cristais. Ninguém seria capaz de imaginar o tamanho de sua importância. E, no entanto, parecia uma criança se divertindo, sem se preocupar com os acontecimentos que logo iriam se desenrolar.

– Olhe esses peixes. São muito semelhantes aos da Terra, não acha? – perguntou Lana.

– Sim, é verdade.

– Eles são extremamente mansos, não têm medo algum de nós – disse Lana, enquanto passava a mão em um deles já na superfície.

– Essa água, vocês bebem? – perguntei.

– Esta perguntando se podemos beber essa água do lago? Sim, nós bebemos. Você pode experimentar, se quiser.

Dobrei os joelhos para baixo d'água e tomei um gole dela.

Pensei que teria algum gosto estranho ou algum sabor diferente, mas para meu espanto, era basicamente igualzinha à nossa água na Terra, com exceção de sua pureza e sua transparência. O fato de ela não estar totalmente fria não me impediu de saboreá-la.

– A única diferença que notei dessa água para a nossa lá na Terra é a sua pureza – falei, decepcionado.

– Samuel, as propriedades da água são as mesmas em qualquer lugar. O que vai mudar é a forma como a tratamos. A água é o princípio de tudo, seja nesse mundo ou em qualquer outro.

– Entendi – disse, não muito convencido.

– Venha, Samuel – disse Lana segurando minha mão e me arrastando para fora do lago. – Logo vai escurecer. Quero lhe mostrar nosso por do sol.

Saímos da água e, como Lana dissera, em poucos segundos as roupas molhadas em nossos corpos já estavam secas.

– Incrível! Como elas secaram tão rápidas? – perguntei.

– Nosso sol possui uma propriedade que os cientistas de seu planeta ainda desconhecem. É essa propriedade que deixa nosso ar mais leve e as águas de nossos lagos e rios mornas, ao contato com nossos corpos. Ao ficarmos expostos diretamente aos raios do sol, imediatamente a umidade excessiva contida em nós é evaporada.

– Se é assim, devo supor que a água por aqui é evaporada bem mais rápida, consequentemente o céu deveria ficar carregado de nuvens, que é algo que não estou percebendo – disse eu, olhando para cima e me deparando com o céu mais límpido que já pude ver.

– Teoricamente sim. Mas você deve se lembrar que eu disse que a água se adaptava à temperatura de nosso corpo. Com isso, temos a ilusão de que o lago é morno, mas não é bem assim. Vou dar um exemplo hipotético: se uma pessoa que tenha acabado de sair do polo norte entrar nesse lago, sentirá suas águas frias. Percebe? Nós é que fazemos a temperatura da água. Mas isso

Os Cristais Mágicos

só acontece com as águas que estão expostas aos raios do sol. As águas de uma gruta, por exemplo, não sofrem essa influência e permanecem com sua temperatura habitual – explicou Lana.

– E depois, existe mais uma questão: o ar daqui, como você já deve ter percebido, é mais úmido. A todo instante recebemos minúsculas partículas de água vindas do céu.

– Estou começando a compreender. Mas e as chuvas e tempestades e os outros fenômenos da natureza? Como são por aqui?

– As chuvas existem sim, porém não são tão pesadas como na Terra. Não há grandes tempestades nem alagamentos como em seu planeta. Também não temos vulcões, furacões, tornados, terremotos, nem qualquer outro fenômeno que pudesse causar alguma catástrofe natural. As coisas por aqui são mais amenas – respondeu Lana.

– Acho que viver aqui deve ser uma maravilha. Vocês não têm problemas! Não ficam entediados, não?

– Entediados? – perguntou Lana, com cara de quem não havia entendido minha pergunta.

– Sim, cansados por não terem nada pra fazer – expliquei melhor.

– Ah, entendi. Isso não acontece, de forma alguma. Há muito para se fazer por aqui. Nós não temos grandes problemas como na Terra, mas sempre há trabalho para ser realizado. Ajudamos de diversas formas muitos mundos ainda em desenvolvimento, quer seja dando um empurrãozinho para avançarem na ciência ou enviando, de tempos em tempos, um missionário para ajudá-los na evolução moral.

– E como vocês enviam essas pessoas altamente instruídas para ajudá-los? Com suas naves? – perguntei curioso.

– Não é da forma como você deve estar imaginando. Não levamos essas pessoas em nossas naves e depositamos nesses planetas. Existe uma extensa discussão e um plano é traçado. Esses seres especiais então renascem nesses mundos menos evoluídos com a missão de ajudar, quer seja o planeta como um todo ou apenas um grupo de indivíduos. Muitas vezes passam despercebidos pelo mundo, ajudando apenas algumas pessoas. Outras, realizam grandes obras, e se tornam os chamados gênios. Mas, no geral, são pessoas comuns, que enquanto vivem nesses planetas agem de maneira inconsciente, sem saberem que foram enviadas para determinada missão. No entanto, carregam consigo a semente daquilo que planejaram antes de nascer e, na maioria das vezes, realizam com sucesso o trabalho para o qual foram designadas. Elas fazem aquilo que chamamos de trabalho de formigas, levando as mensagens individualmente, quase que imperceptivelmente. Mas, apesar de não serem notadas, são pessoas que fazem a diferença.

Era tudo perfeito demais para ser verdade. Lana sempre encontrava uma explicação coerente para minhas indagações e, embora eu não conseguisse entender por completo o que ela dizia, suas palavras ecoavam dentro de mim e eu sentia que eram verdadeiras.

– Não se preocupe se algumas vezes minhas explicações lhe parecerem estranhas. Sei que muitas coisas são complicadas para seu entendimento, Samuel. Sua maneira de pensar é bastante diferente da nossa e seria quase impossível fazê-lo compreender nossa forma de ver a vida. A gente não muda nosso jeito de pensar do dia para noite, afinal de contas, é algo que você aprendeu desde o nascimento. Apenas podemos lhe dar um pequeno vislumbre da verdade com a qual estamos acostumados a lidar – disse Lana.

Concordei com a cabeça e nós continuamos caminhando. Já tínhamos deixado o caminho de areia e estávamos seguindo pelo campo gramado azul, com folhas de "chorona". Com a mão direita eu era guiado por Lana e, com a esquerda, segurava os sapatos. Tinha decidido experimentar a sensação de andar descalço por aquelas passagens. O chão era macio, como havia imaginado e, em momento algum, tive medo de que entrasse algum objeto estranho, como uma farpa, por exemplo, em meus pés.

Paramos em frente a um pequeno morro e iniciamos nossa caminhada para cima.

– Venha, vamos subir até o alto. De lá teremos uma vista melhor para o pôr-do-sol – disse Lana. – Pode segurar nessas gramas. Elas vão ajudá-lo a se equilibrar. Veja como eu faço.

Lana soltou minha mão e começou a avançar dando impulso ao segurar o gramado. Passei a imitá-la na sua escalada. Eu olhava para cima e podia ver o cume. Não era tão distante, mais alguns metros e estaríamos no topo. A subida foi ficando cada vez mais íngreme e, ao final, se não fosse a ajuda de Lana, que já estava lá no alto, teria escorregado para baixo.

– Pronto! Peguei você! – disse ela, segurando meu braço e me impulsionando para a terra plana.

Dei mais um passo para cima e me apoiei no chão, levantando-me. À nossa frente, surgia uma grande montanha de pedra meio arroxeada, encobrindo nossa vista para o outro lado. Temi que Lana desejasse escalá-la até o topo. Mas para meu alívio, ela disse:

– Aqui já está bom. Venha, vamos nos sentar.

Eu me virei e pude ver, do ponto em que estávamos, todo o caminho que havíamos percorrido. Lana se sentou no gramado azul e eu me sentei ao seu lado. O sol estava rente à linha do horizonte, se preparando para o seu descanso. Aquele imenso círculo laranja e violeta era capaz de me fazer curvar diante de sua superioridade. Pensei em quantos mundos habitados poderiam existir no universo e me senti um minúsculo ser, uma insignificante criatura, comparado com a infinidade de seres existentes no cosmo. Eu não era nada. Absolutamente nada. Minhas angústias e preocupações não significavam nada. Enquanto eu estava ali, admirando um maravilhoso por do sol em um mundo distante, sabia que pessoas morriam de fome em certas regiões do planeta Terra. Sem falar das guerras que travávamos uns com os outros e que poderiam ser facilmente evitadas se não fossem a vaidade e o orgulho humano.

Lana permaneceu silenciosa, olhando para frente. O tempo estava agradável e o vento que soprava jogava seus cabelos claros para o lado. À medida em que o sol ia se pondo, a linha do horizonte ia mudando de cor e de aspecto. O céu foi tomado por uma cor violeta fluorescente, formando desenhos parecidos com rabiscos, que mudavam de forma e de cor constantemente. Era algo que não conseguia definir exatamente. Tudo era rápido demais. Era como se um ser gigante segurasse invisíveis lápis coloridos nas mãos e desenhasse diversas linhas no céu, para logo em seguida apagá-las, começando o processo novamente. Aquele espetáculo de cores durou alguns minutos.

Enquanto admirávamos o por do sol, Lana passou a mão por trás das minhas costas, apoiando-a em meu ombro. Olhei para ela e senti que tinha agido com naturalidade, como faria com qualquer outra pessoa. Ela continuava olhando para frente, como se aquilo fosse a coisa mais natural do mundo. Por minha vez, achei sua atitude bastante estranha. Mal tinha acabado de me conhecer e já se mostrava tão próxima. Sentia a mesma coisa quando segurava minha mão. Lana não titubeava, parecia que estava acostumada com aquele tipo de contato, vamos dizer, um pouco prematuro. Comecei a pensar se as pessoas de Zeugma realmente possuíam um contato físico daquela forma tão natural. O mais engraçado era que aquilo estava mexendo comigo.

Sentia o seu toque e algo dentro de mim palpitava. Era uma mistura de alegria e tristeza ao mesmo tempo. Eu me sentia bem com a presença de Lana, quase que feliz por estar ali, observando aquele imenso sol se pondo, na companhia de uma pessoa tão especial. Eu a admirava! De todas as formas. Ela era perfeita! Seu rosto arredondado, com semblante amigável, seus longos cabelos louros claros, seus olhos... Só naquele ins-

Os Cristais Mágicos

103

tante pude reparar, eram cinzas, um cinza diferente, brilhante. Sua pele esbranquiçada... Se visse uma pessoa com aquela tonalidade de pele na Terra, com certeza eu a acharia horrível. Mas Lana não. Ela era linda! Eu a olhava de rabo de olho com medo de que ela percebesse que eu a estava observando. Sua camisola rosa combinava inteiramente com ela, deixando-a com um ar de princesa, como em contos de fadas. Suas pernas estavam esticadas na relva e ela continuava descalça. Seus pés eram pequenos, delicados. Admirei o seu corpo de mulher, que faria inveja a muitas moças da Terra. Seu jeito de falar e de agir, suas atitudes, tudo contribuía para eu admirá-la ainda mais. Se eu pudesse, teria parado no tempo. Poderia ficar ali por toda a vida, vivendo aquele momento mágico. Sempre havia sonhado com algo parecido. E agora, meu sonho se realizava. Só não sabia se o que eu estava sentindo era recíproco. E era exatamente aquilo que me perturbava.

Comecei a ter consciência do que eu estava sentindo. Lana despertara uma paixão há muito tempo sonhada e recolhida, diferente de qualquer coisa que eu já havia experimentado. Nem mesmo Cibele tinha sido capaz de me provocar aquele sentimento. Uma angústia muito grande passou a tomar conta de mim. Provavelmente eu estava me iludindo. Era óbvio que eu não era tão especial para Lana. Ela deveria estar acostumada a agir daquela forma com todas as pessoas que conhecia. Eu era apenas mais um. Mais uma pessoa vinda de outro planeta que ela mostrava aquele mesmo por do sol. Algo muito ruim invadia meu coração. Com quantas pessoas Lana já havia estado ali, sentada naquele lugar, apresentando aquele entardecer tão maravilhoso? Dúvidas e dúvidas passaram a alimentar um terrível ciúme. Eu queria ser especial para ela. Desejava poder segurá-la nos braços e enchê-la de afeto e carinho. Desejava poder beijá-la, como fazem os casais na Terra. Mas eu não podia. Nem mesmo sabia como aconteciam os namoros em Zeugma.

Minha angústia não passava, sabia que uma hora tudo aquilo iria acabar. A gente se levantaria e pronto: fim do sonho. Tudo voltaria ao normal novamente.

Instintivamente, como algo impossível de se explicar, deitei a cabeça em seu colo, esticando meu corpo para o outro lado. Lana não se mostrou surpresa com meu gesto. Com as duas mãos passou a acariciar meus cabelos. Senti o seu toque em meu rosto e fechei os olhos. Suas mãos eram macias e suaves e eu me senti protegido. Meu coração pulava em meu peito e, quando fui perceber, algumas lágrimas escorriam pelo meu rosto.

– Por que está chorando? – perguntou Lana.

– Eu não sei exatamente – respondi.

Alguns segundos se passaram, até que ela perguntou:

– Está triste?

– Não sei. Estou confuso.

– O que está pensando? – perguntou.

– Que estou vivendo um conto de fadas e que logo irá acabar, como sempre acontece com todos os contos de fadas – respondi.

– Não fique triste. Acontecimentos vão e vêm e é dessa forma que tem que ser.

Quando Lana disse aquilo, então tive a certeza de que tudo acabaria. Comecei a chorar de uma maneira incontrolável. Não levantei a cabeça de seu colo, pois tive vergonha de que ela me olhasse diretamente nos olhos e visse a minha decaída. Em compensação, minhas lágrimas molhavam sua camisola e suas pernas e eu, em vão, tentava limpá-las de seu corpo com a mão.

– Não se preocupe com as lágrimas que me molham. Estou aqui para compartilhá-las – disse Lana.

Suas palavras me tocaram profundamente e quanto mais eu tentava parar de chorar, mais as lágrimas vinham. Meu choro era compulsivo e Lana continuava afagando meus cabelos e meu rosto umedecido. Passou as mãos em meus olhos, procurando enxugar a torrente de lágrimas que descia. Demoraram

Os Cristais Mágicos

alguns minutos até que eu me acalmasse. Só então levantei a cabeça de seu colo e olhei para ela.

– Desculpe. Isso nunca aconteceu comigo, não sei o que houve – disse, envergonhado, ainda limpando as lágrimas dos olhos.

– Não precisa se desculpar, você não fez nada demais – disse Lana, abraçando-me.

Seu abraço foi tão forte e reconfortante que retribuí de imediato. Bastante próximo de seu rosto, pude sentir seu cheiro adocicado de perfume. Fechei os olhos e, dessa vez, fui eu que afaguei seus lindos cabelos macios. Permanecemos muito tempo abraçados daquela forma.

Então, fomos nos afastando devagar.

– Tenha paciência, Samuel. Tudo tem o seu tempo – disse ela.

– Por que não posso viver aqui? – perguntei.

– Seu organismo não suportaria. Você tomou as devidas vacinas, mas não pode se valer delas o tempo todo – disse Lana.

Era visível a minha decepção. Impossível descrever a dor que eu estava sentindo. Pior do isso era continuar sem saber o que eu realmente significava para Lana.

– Por que você tem que tornar as coisas tão difíceis para mim? – perguntei.

Lana deu um suspiro e me olhou com toda a calma do mundo:

– Não sei o motivo, mas posso lhe garantir que você não está aqui por acaso. E também não é coincidência o fato de ser eu a escolhida para conduzi-lo a este lugar. Se isso serve para tranquilizá-lo e lhe dar um pouco mais de conforto, digo que entre nós existe, sim, uma estreita ligação espiritual. Digo também que você tem um lugar especial em meu coração. Mas a nossa união, como acho que está pensando, é impossível. Vivemos em mundos diferentes.

Lana tinha ido direto ao ponto, acabando de vez com minhas dúvidas e também com minhas esperanças.

– Agora devemos ir. Não fique triste. Dou a minha palavra de que depois de sua partida para a Terra, nós nos veremos novamente – disse ela, levantando-se e puxando-me com a mão. – Devemos regressar ao laboratório.

Lana pegou minha mão, como das outras vezes, e iniciamos nossa jornada morro abaixo. Andamos um bom pedaço em silêncio, apenas divagando em nossos pensamentos.

– Está quase escurecendo – disse Lana. – Está vendo? Os desenhos no céu estão diminuindo.

– Sim, é verdade. Se eu não tivesse visto com os próprios olhos, não acreditaria em um pôr-do-sol tão bonito como este – falei, pensando que ele poderia ter sido perfeito, se Lana não tivesse estragado tudo.

– É como eu disse: o nosso sol possui algumas propriedades diferentes daquilo que vocês estão acostumados. Mas nós também temos noite. Daqui a pouco você verá. A diferença é que não possuímos nas ruas postes com luzes como na Terra. Em alguns pontos do nosso céu, posicionamos algo parecido com os satélites de vocês, que têm a função de clarear algumas regiões do planeta, quando já é noite. Eles possuem sensores e só clareiam quando realmente é necessário, através de um pequeno aparelho que carregamos conosco e que nos permite controlá--los de onde estivermos. Esses equipamentos podem, do local em que estão, lançar diversos focos de luzes para clarear exatamente o caminho que utilizaremos. É uma tecnologia difícil de explicar – disse Lana.

Não quis responder. Estava com raiva e chateado com Lana. Vendo que eu não mostrava a mínima vontade de conversar, Lana calou-se e permanecemos em silêncio até chegarmos ao laboratório.

Os Cristais Mágicos

Capítulo 9

Ao entrarmos no laboratório, Thiago veio ao nosso encontro:

– E então, como foi o passeio? Lana deve ter lhe mostrado muitas coisas.

– Sim, mostrou sim – respondi secamente, não me importando nem um pouco em demonstrar minha contrariedade.

Thiago ficou sem jeito com a minha resposta e, percebendo que algo tinha acontecido, mudou de assunto.

– Devemos ir para a sala, temos muito para conversar. Acompanhem-me vocês dois – disse Thiago.

Lana e eu seguimos nosso amigo por uma estreita porta metálica. Dentro da sala havia uma mesa de vidro redonda e várias pessoas sentadas em volta. Lana me apontou um lugar e se sentou ao meu lado. Uma terrível angústia me tomava a alma e minha mente não conseguia pensar em mais nada. Nem prestava atenção direito no que acontecia ao meu redor.

Thiago se posicionou a minha frente e deu a palavra a João que, com a ajuda do tradutor, pôde falar para que todos os presentes na sala compreendessem:

– Bom, vou colocar vocês a par do que tratamos enquanto

estiveram fora. Thiago passou por todos os exames necessários e constatamos exatamente aquilo que estávamos prevendo: encontramos em sua corrente sanguínea uma espécie de rastreador. Acreditamos que Alexandre pretendia seguir Thiago para encontrar o esconderijo dos cristais. Poderíamos muito bem retirar essa substância estranha de seu corpo, mas depois de muito debatermos, chegamos à conclusão de que ela ainda nos será bastante útil. Traçamos um plano para recuperar os cristais. Porém, antes de prosseguir, preciso fazer uma pergunta de extrema importância para o nosso novo amigo viajante.

Até aquele momento, permanecia de cabeça baixa, indiferente ao que conversavam. Ao ouvir a última frase de João, percebi que era a mim que ele se referia.

– Samuel, você é a pessoa mais indicada para acompanhar Thiago nesta missão. Eu vou lhe explicar o porquê. Além da substância rastreadora encontrada em seu organismo, pudemos verificar a existência de um vírus bastante pernicioso. Isso não foi uma surpresa para nós, pois Thiago já havia sido infectado na época em que trabalhava com Alexandre e essa foi uma das razões para rompermos as alianças com seu planeta. Todas as nossas tentativas para eliminar esse vírus de seu corpo foram um fracasso. Inexplicavelmente, não conseguimos achar uma solução. E agora, ele está se alastrando. Thiago não tem muito tempo de vida.

Olhei para Thiago e senti um profundo arrependimento por ter lhe respondido daquela forma minutos atrás. Ele aparentava uma calma e serenidade impressionantes. Sabia que sua morte estava próxima, no entanto era como se estivesse diante de uma situação conhecida. As pessoas presentes na sala também não se mostravam emocionadas.

– Receávamos que você também tivesse sido contaminado por esse vírus, Samuel, pois esteve em contato com Alexandre e com uma de suas armas. Mas para nossa surpresa, não constatamos nada de anormal em seu organismo. Realizamos alguns testes e chegamos à conclusão de que vocês, terráqueos, são imunes a essa anomalia. Estamos no caminho certo para a cura de Thiago, porém isso levará certo tempo. Sabemos o quanto Alexandre pode ser perigoso para o planeta Terra e cada minuto que passa é importantíssimo. Baseado neste fato, Thiago decidiu arriscar a sua vida para recuperar os cristais, ao invés de esperar uma possível descoberta de cura para sua doença – disse João.

O ambiente, ao menos para mim, se tornou pesado. Sentia todos os olhares voltados para minha direção. Saber que Thiago estava com uma terrível enfermidade me deixou sem ação. Havia aprendido a gostar de sua companhia e o considerava um verdadeiro amigo. Pensei em nosso primeiro encontro e em como ele tinha sido catastrófico. Dizem que a primeira impressão é a que fica. Mas não no nosso caso. Thiago havia me surpreendido em sua maneira de ser e de agir e fiquei abalado em saber que logo ele não estaria mais entre nós.

– Nosso plano traz a condição de Thiago levar um acompanhante consigo. Qualquer um de nós poderia ser essa pessoa, entretanto, temos a consciência de que o escolhido ficará infectado no momento em que colocar os pés no planeta de Alexandre, o que não ocorrerá com você, Samuel – João fez uma pausa e continuou em seguida. – A pergunta que lhe faço é a seguinte: você aceita nos ajudar nessa incursão? Antes de responder, quero tranquilizá-lo dizendo que se você não aceitar nossa proposta, nada lhe acontecerá. Nós o levaremos de volta ao planeta Terra e você poderá dar continuidade a sua vida sem a nossa interferência. Em contrapartida, se sua resposta for positiva, aprenderá muito ao nosso lado. Vai adquirir experiências novas e dar mais um passo no caminho da evolução, não apenas em questão de conhecimento, mas também levará consigo preciosas lições para o amadurecimento moral. O que você me diz?

Percebi que estava diante de uma escolha difícil. Um medo terrível se apossou de mim. Eu não conhecia absolutamente nada sobre o mundo de Alexandre. Estariam eles ficando loucos em deixar uma missão tão grandiosa como essa nas mãos de um cara tão inexperiente como eu? Poderia muito bem rejeitar o que estava sendo proposto e voltar para minha vida na Terra. Mas que vida? Eu não tinha mais nada. Havia sido roubado. Pra falar a verdade nem sabia o que iria fazer quando voltasse à Terra.

– O que vocês vão fazer para recuperar os cristais se minha resposta for negativa? – perguntei.

– Ainda não sabemos. Não pensamos nisso, primeiro estávamos esperando a sua decisão – adiantou-se Thiago –, mas não tenha receio de contrair o mesmo vírus que se encontra em meu organismo; isso não acontecerá, se essa for sua dúvida.

– Não tenho medo de ficar infectado. Só não sei se devo aceitar. Não me considero apto para algo desse porte. É muita responsabilidade e nem sei direito o que posso fazer para ajudar – respondi.

– Samuel, se estamos lhe dando esta oportunidade é porque sabemos que você é capaz. Não precisa se preocupar quanto ao que você vai fazer quando chegar lá, pois isso trataremos aqui, com todos os detalhes. Vamos lhe passar todo o conhecimento necessário. Você apenas dará suporte ao Thiago, nada muito complicado – disse João –, mas não se sinta pressionado, a decisão deve partir de você.

– Eu aceito! – respondi de supetão. Havia sido covarde muitas vezes em minha vida e não era agora que isso iria se repetir. Se Thiago que estava infectado e sabia que não tinha muito tempo de vida aceitara participar deste plano, por que eu haveria de recusar? Pelo menos, passaria mais um tempo ao lado de meu amigo.

– Certo! Sabia que podíamos contar com você! – exclamou contente João. – Bom, pessoal, a reunião está acabada. Samuel fará parte de nossa equipe.

Os Cristais Mágicos

Ao falar aquilo as pessoas sentadas ao redor da mesa se levantaram e saíram uma a uma. Apenas ficaram na sala Thiago, João, Lana e eu. Levantamo-nos todos e Thiago se aproximou dando-me um abraço:

– Obrigado – disse ele.

Retribui o abraço de meu amigo e, envergonhado, disse:

– Desculpe a forma como lhe falei agora há pouco, eu estava confuso com algumas coisas e não devia ter descontado em você.

– Aquilo não foi nada, não se preocupe. Eu imagino o que deve ter acontecido – falou Thiago, olhando levemente para Lana.

Lana também se aproximou e, olhando-me nos olhos, segurou o meu rosto com as mãos dizendo:

– Estou orgulhosa de você. Tomou a decisão certa. Claro que haverá dificuldades a serem superadas, mas você não vai se arrepender – disse ela.

Suas palavras me fizeram sorrir e pela primeira vez desde que voltamos de nosso passeio pude sentir meu coração um pouco mais leve.

– Não temos tempo a perder! – disse João. – Vou buscar algumas coisas e já volto.

Capítulo 10

João retornou com duas maletas pretas idênticas à que estava com Thiago no nosso primeiro encontro. Colocou-as em cima da mesa e disse:

– Primeiro vou lhe apresentar alguns objetos importantes, depois relatarei passo a passo o nosso plano.

João abriu as duas maletas e começou a me explicar o que elas continham.

– Algumas coisas daqui você já deve conhecer. Você sabe o que é isso? – perguntou me entregando a "seringa automática" que utilizei em Thiago.

– Isso eu sei. Usei uma coisa dessas quando Thiago estava sofrendo um ataque. Estava tão nervoso que nem sei como consegui utilizá-la.

– Como você percebeu, é bastante simples. Esse cilindro não contém agulhas, apenas alguns orifícios que permitem que a substância seja injetada em qualquer lugar da pele. Basta, para isso, impulsionar uma ampola dessas aqui por cima que tudo é feito automaticamente. Depois é só posicioná-lo no local apropriado do corpo. Como você pode ver, existem algumas ampolas vermelhas na maleta, mas elas servem mais como prevenção, uma espécie de vacina. Dificilmente você irá utilizá-las, a não ser que ocorra alguma situação parecida com a que você vivenciou junto a Thiago, o que acredito ser bastante difícil, pois não daremos tempo para Alexandre desta vez – disse João.

João fez uma pausa e pegou um objeto da maleta semelhante a um cabo de uma chave de fenda.

– Vamos passar para esse aqui, que é chamado de paralisador. É uma pequena arma utilizada para manter alguém imóvel. É só segurá-la acionando este mecanismo que ela fica pronta para ser usada. Venha, pegue – falou João, estendendo-me a arma.

Segurei o objeto e fiz como ele orientou.

– Isso mesmo. Se você encostá-la em alguém, imediatamente a pessoa ficará paralisada.

– Sim, eu sei. Já experimentei o seu efeito, não é nada agradável – disse.

Lana soltou um quase imperceptível sorriso e eu voltei a me encantar com seu jeito, esquecendo a dura realidade que ela me fizera recordar.

– Este instrumento não possui a capacidade de tirar a vida daquele contra quem for usado, como foi o que você experimentou. As poucas armas que temos são utilizadas por nós apenas como defesa, nada além disso – explicou Thiago.

João colocou de lado a arma paralisante e segurou um objeto esverdeado em forma de meia lua.

– Acho que esse você não conhece. Ele é chamado de escudo protetor. Acionando o botão laranja na parte inferior e fazendo um movimento circular dessa forma – disse João, levantando o braço com o objeto por cima de sua cabeça –, um escudo invisível com três metros de diâmetro se formará ao meu redor. Este escudo é tão poderoso que até hoje não descobrimos algo que pudesse ultrapassá-lo. Infelizmente sua durabilidade é curta, podendo alcançar no máximo noventa segundos. É utilizado em situação de alto risco. Não posso realizar o teste com ele agora, pois como disse, atingiria três metros e, como estão próximos de mim, fatalmente lançariam vocês para longe. Mas também não acredito ser necessário, basta imitar o movimento que eu fiz com o botão pressionado e pronto, o escudo será criado.

As duas maletas continuavam em cima da mesa e percebi que os instrumentos que havia em uma, também compunham a outra, de maneira idêntica. O único objeto diferenciado, que só existia em uma maleta, era o cilindro que Thiago utilizara juntamente com um dos cristais para nos transportar para Zeugma.

– Este objeto é o mais importante. É graças a ele e aos cristais que você está aqui agora. Vou explicar o seu funcionamento. Este cilindro possui certa quantidade de água em seu interior. Quando o cristal é colocado nesta parte superior, essa água começa a esquentar automaticamente, chegando a alcançar uma temperatura de cem graus. É neste momento que ocorre uma fusão de propriedades entre a água e o cristal, o que o torna capaz de realizar a viagem para outra dimensão. O cristal desce para a parte inferior e, ao nosso toque, leva somente alguns segundos para nos transportar.

– Quer dizer então que é a água que faz com que o cristal nos transporte para este mundo? – perguntei.

– Se você está se referindo ao cristal verde, sim. Mas a água deve estar a cem graus para que isso aconteça – explicou Thiago.

– Mas se a água estiver nessa temperatura suponho que o cristal deve ficar bem quente. Como é que vamos segurá-lo depois? Não queimaria nossas mãos?

– De forma alguma. A temperatura da água é absorvida pelo cristal, mas ele não fica tão quente a ponto de não podermos segurá-lo – disse Thiago.

– Muito interessante esse funcionamento. Será que se fervêssemos a água em uma panela e jogássemos o cristal lá dentro, o efeito seria o mesmo? Ou precisamos do cilindro para o processo? – perguntei, curioso.

– É a mesma coisa. Esse instrumento só serve como um mecanismo rápido. É bastante prático, em segundos o cristal fica pronto para ser usado. Mas também pensamos no perigo que iria existir se um dos nossos viajantes estivesse em outro planeta e acontecesse algum dano com o cilindro. A água existe em qualquer planeta que tenha vida, então decidimos utilizá-la para nosso intento, dessa forma nenhum cientista poderia ficar preso em outra dimensão caso o cilindro se danificasse – continuou Thiago.

– Thiago já deve ter lhe falado que cada cristal conduz a um mundo diferente – afirmou João.

– Sim, ele me explicou isso – respondi.

– Então, acho que você já está de posse de todas as informações necessárias – disse João.

– Como assim? É só isso? – perguntei.

– Acredito que sim. Agora nós iremos lhe explicar nosso plano. Cada um de vocês ficará com uma dessas maletas. Como vocês podem ver, o material existente nelas é o mesmo – disse João e, dirigindo-se a Thiago: – Passe-me as réplicas.

Thiago retirou do bolso do macacão um saquinho preto com dois cristais idênticos ao que João estava segurando.

– Esses dois cristais são falsos. Porém, vocês vão levar somente o cristal amarelo para fazerem o acordo com Alexandre, o verde permanecerá aqui em Zeugma. Apenas podemos verificar uma leve diferença se comparado com os originais: a energia que passam para nós ao serem tocados. Pegue esses dois, veja qual é o verdadeiro – disse João, misturando os dois cristais verdes e passando-os para mim.

Segurei-os nas mãos e não notei diferença alguma.

– Para mim, são iguais. Não sei qual é o verdadeiro.

– É uma diferença bastante sutil. Deixe-me ver – falou João, pedindo-os de volta.

João apertou cada um deles em uma mão e fechou os

olhos. Alguns segundos se passaram e ele me estendeu a mão direita, abrindo-a:

– Este é o verdadeiro. Sentimos uma leve comichão quando o apertamos – disse ele. – Isso é apenas para você saber como identificá-los, mas acredito que não será preciso; Thiago ficará com a réplica do cristal amarelo o tempo todo, não haverá possibilidade de misturá-los.

– Certo. Mas o que eu vou fazer para ajudar Thiago, afinal de contas? – perguntei ansioso.

– O nosso intuito é trocar essa réplica do cristal amarelo pelo cristal azul verdadeiro que está com Alexandre. Como Alexandre está de posse do cristal azul e do branco, primeiro vamos tentar conseguir a troca por esses dois cristais, mas não sei se ele irá aceitar. Se conseguirmos somente o cristal azul, não haverá problema algum, pois o cristal branco não terá utilidade nenhuma se ficar com Alexandre – disse Thiago.

– E por que não? – perguntei, sem entender.

– Porque a função do cristal branco é fazer o transporte para o mundo de Alexandre. Se ele não tiver mais como sair de seu mundo, por que é que ele vai querer o cristal branco? Ele se tornará algo inútil em seu próprio mundo– explicou Thiago.

– Entendi. Mas vocês mesmos disseram que eles são muito inteligentes, jamais vão aceitar tal coisa e cair na armadilha – disse eu.

– Sim, eles são mesmo muito inteligentes, mas estamos apostando no lado emocional, que é o que ainda não conseguem dominar. Quando vocês chegarem ao planeta de Alexandre, não demorará muito para que ele os encontre. Thiago estará com o rastreador e facilmente será descoberto. Aí entra você, Samuel, que ficará com o cristal verde verdadeiro, em outro lugar. Não podemos arriscar e deixar Thiago com ele. Seria uma catástrofe se Alexandre também o roubasse – disse João.

– Não sei se Alexandre vai aceitar essa troca. Não seria

Os Cristais Mágicos

mais fácil ele roubar esse cristal de Thiago, ao invés de trocá-lo? Ele sabe que Thiago estará indefeso em seu mundo. Qualquer manobra sua seria suficiente para capturar Thiago – disse eu, preocupado.

– Não se ele estiver com o escudo protetor. No entanto, Thiago só o utilizará em último caso. Eles são muito vulneráveis emocionalmente. Os cientistas do planeta de Alexandre sabem muito bem que o cristal amarelo leva a um mundo superior e temos quase certeza de que, movidos pela ambição de poder, preferirão ficar com esse cristal. Sem falar que eles conhecem perfeitamente nosso avanço científico, não vão querer bater de frente conosco e iniciar uma guerra, mesmo porque não conhecem nossas armas. O fato de termos sido capazes de criar os cristais mágicos já os deixa temerosos – falou João.

– Não sei, ainda estou receoso. Ele pode desconfiar de que está sendo enganado...

Lana, que até aquele momento acompanhava toda a conversa em silêncio, vez ou outra concordando com a cabeça, disse:

– Samuel, não tema. Tudo foi organizado pensando no psicológico e na mentalidade daqueles seres. O plano tem tudo para dar certo.

Olhei para Lana e seus olhos brilhavam. Ela falava com segurança, como se já soubesse o desfecho dos acontecimentos. Retribuí o olhar e tentei esboçar um sorriso.

– Bom, vocês terão que fazer a viagem em duas partes. Primeiramente, você e Thiago deverão ir ao local exato do portal da cachoeira que leva ao planeta Terra. Vocês passarão pelo portal e, já na Terra, deverão procurar um ancião, que é o guardião do terceiro portal. É através dele que vocês vão alcançar o planeta de Alexandre – disse João.

– Nossa, que complicado – disse eu.

– Não há outra forma, Samuel, terá que ser dessa maneira – falou João.

– Você tem dúvida sobre alguma coisa, Samuel? – perguntou Thiago.

– Por enquanto, acho que não – respondi.

Ficamos os quatro em silêncio, como se estivéssemos tomando consciência daquilo que estávamos prestes a realizar. Só então me dei conta de que minha despedida estava próxima. Eu iria para um mundo desconhecido e Lana ficaria em Zeugma. Novamente a angústia surgiu em meu peito e comecei a me sentir desanimado.

– Antes de levarmos vocês dois para a cachoeira e realizarmos o transporte, desejamos que você, Samuel, conheça o mundo do cristal amarelo. Servirá para lhe dar força e coragem para aquilo que logo vai enfrentar. Após essa experiência, que guardará com carinho no coração, você nunca mais será o mesmo – disse João. – Thiago irá com você.

Olhei para Lana e ela assentiu com a cabeça. João pegou o cristal amarelo e o tubo transportador e me entregou.

– Você vai poder fazer o processo com as próprias mãos.

Capítulo 11

Segurei os dois objetos sem saber exatamente o que fazer com eles.

– Pode posicionar o cristal na parte superior do tubo – disse Thiago.

João e Lana continuavam a nossa frente, assistindo nossas ações. Com o cristal amarelo na mão direita, fiz o que Thiago dissera. Imediatamente o cristal desceu para a parte inferior do tubo. Thiago colocou a mão em meu ombro.

– Será uma curta viagem. É impossível permanecer lá por muito tempo. Em fração de segundos somos expelidos de volta para Zeugma, nem é necessário levarmos o cristal verde para o processo.

– Por que isso acontece? – perguntei.

– Porque entramos em contato com um mundo muito superior e adquirimos também características superiores. Ou melhor, podemos vislumbrar o que vamos ser em um futuro bastante distante – disse Thiago. – Como é algo que não suportamos, voltamos imediatamente ao nosso estado atual.

– Que futuro é esse? Daqui a vinte anos, por exemplo?

– Não, Samuel. O futuro que eu digo compreende milhares de anos. Não temos somente essa vida que você conhece. Somos seres imortais que vamos aprendendo ao longo das existências – explicou Thiago.

– Ah... – disse, tentando entender o que Thiago dissera.

– Está preparado? Vamos, retire o cristal da parte inferior. Não se preocupe, eu irei com você.

Segurei o cristal na mão. Ele estava morno. Senti um leve formigamento pelo corpo e minha visão foi ficando esbranquiçada. Fechei os olhos. Em poucos instantes eu me senti flutuar. Percebi que a temperatura do cristal mudou, estava frio, pra não dizer gelado. Abri os olhos lentamente e pouco a pouco algo muito estranho foi acontecendo. Era como se eu, como posso explicar... Eu não era mais eu. Eu me sentia outra pessoa, muito melhor, mais segura e mais feliz. Eu me sentia grande por dentro.

Ao abrir os olhos completamente pude ver o esplendor daquele mundo. A cor do céu era uma mistura de lilás e dourado, impossível de descrever. Jamais tinha visto aquele tipo de cor. Eu estava andando por um caminho rodeado de plantas e flores. Na verdade, eu não andava, eu simplesmente flutuava. Meus pés não tocavam o chão. Eu dava passos e era como se não existisse gravidade. Meus movimentos eram leves e suaves.

Percebi que Thiago não estava mais comigo, no entanto não temi pela sua ausência. Estava ansioso, não conseguia me lembrar direito o porquê de eu estar ali. Minhas consciências – a do presente, que retomava a minha mentalidade de Samuel, do planeta Terra, e a do futuro, de um ser diferente, mais evoluído, mas que tive a certeza de ser eu mesmo – se misturavam.

Eu caminhava e as plantas se movimentavam, dançando e falando mentalmente comigo. Estavam me parabenizando pela minha vitória, por estar ali. Sim, era a primeira vez que eu visitava aquele mundo, seria minha nova morada. Eu andava e as cumprimentava com a cabeça. Não eram plantas comuns. Tinham uma coloração prateada impossível de descrever. Era incrível, pois uma parte de mim dizia que aquilo era impossível, porém, meu outro lado, o mais perfeito, afirmava que era realidade.

Aos poucos fui recordando. Era um encontro, marcado desde o início dos tempos. Havia esperado tanto por aquele momento! Meus passos eram lentos. Por que apressar as coisas? Caminhei mais alguns metros e avistei uma pequena área coberta, apenas suspensa por quatro hastes. Sabia que ela estava me esperando lá dentro. Subi os três degraus de uma estreita escada. Na verdade, eu caminhava flutuando, meus pés permaneciam uns dois centímetros do chão e mal o tocavam.

Avancei para dentro e, ao fundo, vi uma moça de costas, debruçada em um parapeito, observando o outro lado da paisagem. Era ela! Estava bela e encantadora. Suas vestimentas eram outras. Suas feições eram diferentes, seu corpo e a tonalidade de sua pele também. Mas eu sabia que era ela: Lana. Estava radiante e eu a reconheceria em qualquer lugar.

Como que percebendo minha presença, Lana virou-se. Jogou os cabelos para trás, como a vi fazer outras vezes e nos olhamos fixamente. Era um momento mágico e nada poderia nos atrapalhar. E, de repente, tudo sumiu.

– Pronto, ele já está de volta – ouvi a voz de Thiago que estava parado bem a minha frente.

Olhei para os lados e percebi que havia retornado ao laboratório.

– Não é justo! Eu quero voltar! – disse, indignado.

– Sim, você vai voltar, só que não agora – respondeu Thiago. – Eu disse que seria somente um vislumbre de uma realidade futura. Você ainda terá que passar por muitas experiências para alcançar aquele estágio tão evoluído. Mas você vai voltar.

Meus olhos se encheram de lágrimas, mas eu não podia demonstrar a eles minha fraqueza da forma como havia feito com Lana lá na colina. Com o coração embargado, segurei o choro. Lana abraçou-me carinhosamente e deixei escapar uma minúscula lágrima, que foi logo limpa com as costas da minha mão. Lana aos poucos foi me soltando.

– Samuel, também já passei por esta mesma situação e é como lhe falei anteriormente: prometo que ainda vamos nos reencontrar – disse Lana.

– Então você já sabia de tudo? – perguntei.

– Sim. Mas não adiantaria se eu lhe falasse. Era necessário você passar por esta experiência para poder compreender. Sei que é difícil voltar a nossa realidade presente, no entanto, a breve visualização que você teve servirá para lhe dar ânimo e coragem para continuar.

Não tive outra escolha, a não ser concordar e aceitar a minha posição.

– Tudo bem, já estou conformado – falei.

– Você está se sentindo cansado, Samuel? Venha, sente-se nessa cadeira – disse João, conduzindo-me para um assento. – Em segundos você se sentirá revigorado e pronto para a batalha! – sorriu João.

Sentei-me na cadeira apontada por João e ele me pediu para fechar os olhos.

– Estenda os braços no apoio. Vou acionar o mecanismo, fique tranquilo.

João mexeu em algo que não pude ver o que era e em pouco tempo senti uma nova energia invadindo meu corpo. Adormeci. Não sei por quanto tempo fiquei desacordado, mas de acordo com Thiago foram apenas cinco segundos. Para mim, pareceu um sono de oito horas.

– Muito bom isso. Parece que dormi uma noite inteira – disse, levantando-me da cadeira e me espreguiçando.

– Nós utilizamos essa cadeira em casos especiais – disse Lana. – Beba esta água, irá repor seus nutrientes e vitaminas – completou ela, estendendo-me uma garrafinha que pareceu ser de vidro.

Enquanto eu experimentava a água, Thiago seguiu com João para a "cadeira renovadora".

– Essa água é gostosa! E ainda dizem que água não tem gosto – disse, provocando uma risada em Lana. Ri junto com ela.

Thiago saiu da cadeira e também bebeu da mesma água.

– Agora que os dois estão descansados, podemos prosseguir – disse João. – Tenho mais uma coisa para vocês.

João abriu um armário que estava ao lado e retirou uma mochila, de um material bem parecido com a que utilizamos na Terra.

– Aqui vocês vão encontrar algumas peças de roupa que vão usar logo após saírem da cachoeira, na Terra. Suas roupas estarão molhadas e não queremos que peguem nenhum resfriado, não é mesmo? Também colocamos um tipo de vestimenta utilizada no planeta de Alexandre. Assim que vocês chegarem lá, deverão trocá-las novamente. Isso evitará qualquer desconfiança entre os habitantes daquele mundo. Mais uma coisa: aqui está um envelope contendo todos os documentos necessários, tanto os utilizados na Terra quanto aqueles pertencentes ao planeta de Alexandre, como identidades, passaportes, tudo o que vocês precisarem se, de repente, forem barrados por alguma autoridade. Vocês têm alguma dúvida? – perguntou João.

– Para mim está tudo muito claro – respondeu Thiago. – Quer falar alguma coisa, Samuel?

– Tenho uma dúvida. Como vamos encontrar esse tal ancião que guarda o terceiro portal? – perguntei.

– Thiago é uma pessoa altamente treinada como viajante e sabe utilizar os documentos na hora certa e também conhece exatamente o caminho que vão ter que percorrer para chegarem até o ancião que os levará ao planeta de Alexandre – disse João. – Não se preocupe Samuel, Thiago já teve contato com o ancião anteriormente e não será nenhuma novidade para ele voltar a encontrá-lo.

Ao ouvir as palavras de João, fiquei mais calmo. Thiago concordou com a cabeça e me sorriu em resposta.

– Não podemos perder mais tempo. Depois que vocês estiverem na Terra, ainda vão levar várias horas para se deslocarem até o Peru – disse João.

– Peru? – perguntei

– Sim, é para lá que vocês vão. O terceiro portal se encontra, mais precisamente, na cidade de Cusco, na divisa com Machu Picchu. A distância da cachoeira até essa cidade é de aproximadamente quatro mil quilômetros – afirmou João. – Vamos! Não podemos esperar nem mais um minuto. Peguem suas maletas.

Estava começando a pensar que aquela viagem seria um tanto complicada. Mas eu confiava em Thiago e sabia que logo ele não estaria mais com a gente. O mínimo que eu podia fazer era acompanhá-lo na sua última missão.

Os Cristais Mágicos

Capítulo 12

Enquanto Thiago e João caminhavam mais a frente, em direção à saída do laboratório, Lana e eu ficamos para trás, aproveitando aquele momento para trocarmos nossas últimas palavras.

– Jamais imaginei que um dia eu pudesse estar aqui – disse eu.

– É um grande privilégio. Pouquíssimas pessoas teriam condições de estar em Zeugma da forma como você está – disse Lana.

– Vou sentir sua falta.

– Também sentirei, Samuel. Mas lembre-se de que tudo tem sua razão de ser e que é necessário a nossa separação. Tenha calma. O que é um momento difícil perante a eternidade? – falou Lana.

– Tem razão. Mas eu já estou me sentindo bem melhor. Talvez, mais conformado. Thiago precisa de mim.

– Sim, e tenho certeza de que vocês dois se sairão muito bem!

Atravessamos a "porta invisível", saindo do laboratório. João e Thiago nos esperavam próximos ao mesmo veículo que nos havia trazido até ali.

– Vá com eles, Samuel. Eu ficarei aqui – disse Lana.

Imaginei que Lana fosse me acompanhar até a cachoeira,

mas para meu desespero, fora um mero engano. Talvez fosse melhor assim. Para que prolongar nossa despedida? Meu coração novamente começou a ficar oprimido. Então, Lana estendeu as mãos em meus ombros e olhou-me nos olhos. Algumas palavras vieram a minha mente: "Você estará sempre em meu coração!". Fiquei confuso e cheguei a pensar que eu mesmo havia formulado aquele pensamento. Olhei para Lana e tive a certeza de que era ela quem me transmitira a mensagem. Com uma clareza impressionante, Lana acabou com todas as minhas dúvidas ao me dizer mentalmente: "Sim, Samuel, sou eu quem lhe falo. Quero que fique bem e que continue com sua vida na Terra. Seja feliz com aquilo que você tem por lá! E logo, quando menos esperar, estaremos juntos novamente".

Eu havia me esquecido. Estava tão ocupado com as novidades daquele mundo que não me lembrei da faculdade de Lana, que era transmitir os pensamentos através da telepatia. Entendi que ela queria me mostrar aquilo. Abaixei a cabeça e quando a levantei novamente, abraçamo-nos. Foi um abraço apertado e sentido. Não consegui dizer uma palavra a ela. Não desejava prolongar ainda mais aquela angústia. Afastei-me sem olhar para trás e subi no banco de trás do veículo.

João acionou alguns comandos e o carro começou a andar. Quando estávamos bem distante, dei uma leve olhada para o laboratório. Lana continuava lá, parada. Aquela foi a última vez que a vi e fiz o possível para guardar sua imagem na memória. Queria poder me lembrar de seu rosto quando estivesse na Terra.

– Não se assuste, Samuel. Vou aumentar a velocidade do veículo e em instantes chegaremos ao nosso destino – disse João.

O carro deu um pequeno impulso para frente e tudo ao redor ficou esbranquiçado. Em menos de cinco segundos a paisagem voltou ao normal e o veículo estacionou. Em volta, pude verificar o mesmo espaço coberto, sem paredes, de anos atrás, quando eu ainda era uma criança e atravessei o portal na cachoeira. Mais a frente, o inconfundível lago e a queda d'água ao fundo.

Descemos do veículo e João disse:

– Pronto, agora é com vocês.

– As roupas que usaremos na Terra e no planeta de Alexandre não vão se molhar dentro dessa mochila? – perguntei.

– De forma alguma. Não se preocupe com isso, a mochila é impermeável – respondeu João.

– Vamos, Samuel, chegou a hora. Pegue sua maleta, deixe que eu leve essa mochila – disse Thiago.

Abraçamos João um de cada vez e ele nos desejou boa sorte.

– Obrigado por tudo – disse eu.

– Nós é que agradecemos a confiança que tem depositado em nós e também nessa tarefa. Fique tranquilo, dará tudo certo – incentivou João.

Thiago me indicou com a mão que eu fosse à sua frente e eu entrei na água, sem saber exatamente o local para o qual deveria ir. A água tinha uma temperatura agradável. Com uma das mãos em meu ombro, Thiago me guiava para dentro da cachoeira. Comecei a ficar com medo de tudo aquilo. Será que ia dar certo? Será que conseguiríamos atravessar o portal? Muitas dúvidas surgiram em minha mente e por alguns segundos achei que estava vivendo um sonho, que logo acordaria e me veria em meu quarto, deitado na cama.

– Vamos atravessar a queda d'água – disse Thiago, ainda me empurrando levemente com a mão.

Caminhamos em direção à cachoeira e foram necessários apenas dois passos para nos situarmos dentro do que seria uma gruta.

– Já estamos dentro. Está vendo aquela fresta na rocha ali? – perguntou Thiago, apontando para uma estreita fenda na pedra.

– Sim, estou.

– Vamos ter que andar até a metade dela e mais a frente mergulharemos por baixo, saindo do outro lado. Quando atravessarmos a água, também atravessaremos o portal, ressurgindo em seu planeta. Faremos assim: eu irei à frente e você segure a mochila em minhas costas. Fique firme também com a maleta, não a solte. Como você está vendo, a água só vai até os nossos joelhos, nem é preciso saber nadar para vir até aqui – disse Thiago tranquilizando-me.

Fiz exatamente o que ele me dissera e deixei que me conduzisse. Agarrei com todas as minhas forças sua mochila com um medo terrível de me perder dele. Assim fizemos e, para meu alívio, nossa passagem pela fenda foi mais suave do que havia imaginado. Mergulhamos e atravessamos para o outro lado da rocha. Ao abrir os olhos, senti que algo estava diferente. Então tive a certeza de que não estava mais em Zeugma. Havíamos retornado ao bom e velho planeta Terra!

Capítulo 13

E então? Como se sente de volta ao lar? – perguntou Thiago. Dei um leve sorriso e respondi:

– Nada como nossa casa, não é mesmo? Mas ainda assim, preferiria viver com vocês. Zeugma em nada se compara com o planeta Terra.

– Sim, são planetas com vibrações diferentes. Mas você sabe que não poderia viver por lá. Se é em Lana que está pensando, pouco tempo vocês ficariam juntos, se permanecesse em Zeugma. Primeiro, seu organismo não suportaria nosso ambiente, por mais que tentássemos adaptá-lo com nossas vacinas. Mas digamos que, se isso fosse possível, haveria outro inconveniente: você envelheceria muito mais rápido do que Lana, que continuaria jovem. É claro que para o amor não há idade, mas você morreria cedo demais. Compreende?

– Você está certo – disse eu, tristemente.

– Vamos, anime-se! Nem tudo está perdido, vocês ainda vão se reencontrar. Fui obrigado a te dizer isso para que você elimine de vez o pouco de esperança que eu sei que ainda possui de voltar e passar a viver em Zeugma. Sua tarefa é ficar aqui na Terra e fazer o que tem que ser feito. E no momento, temos muito a fazer. Vamos sair deste lugar! – disse Thiago, mudando de assunto e caminhando para fora da cachoeira.

Andamos alguns passos e atravessamos novamente a queda d'água. Não foi difícil para eu perceber a diferença da tonalidade daquela água. Em Zeugma, era muito mais límpida! Saímos do lago e pisamos em terra firme. Não havia ninguém por aquelas paragens.

– Temos que trocar de roupa – disse Thiago abrindo a mochila e me entregando um uniforme que parecia ser das forças armadas.

– O que é isso? – perguntei assustado.

– Você agora será o major Samuel. Não se preocupe, temos todos os documentos como se fossem originais. Nada nos acontecerá.

– Mas pra que tudo isso? Não seria mais fácil colocarmos uma roupa comum? Chamaríamos menos atenção – disse.

– Precisamos conseguir um avião para o Peru o mais rápido possível e sendo pessoas importantes como um general e um major, acredito que não teremos dificuldades – respondeu Thiago.

– Vocês realmente pensam em todos os detalhes – falei.

– É nossa obrigação. Temos tudo arquitetado.

Vestimos nossas novas roupas e eu me senti um verdadeiro idiota com aquelas vestimentas.

– Não estou me sentindo muito bem com essas roupas – disse.

– Vai ter que se acostumar. Mas é por pouco tempo, só até desembarcarmos no Peru.

Iniciamos nossa caminhada morro abaixo.

– Assim que chegarmos lá embaixo, pegaremos um taxi que nos levará até o aeroporto – disse Thiago.

– Você sabe como sair dessa mata? – perguntei. – Já faz muito tempo que estive aqui, não faço ideia de como chegar até lá.

– Sei sim. Conheço um atalho. Em vinte minutos no máximo chegaremos ao nosso destino.

Andávamos a passos rápidos, cortando por entre as árvores e seguindo um estreito caminho formado entre a vegetação. Já havíamos caminhado um bom pedaço quando alcançamos um descampado. Escutamos vozes.

– Espere! – disse Thiago.

– Acho melhor voltarmos e seguirmos por outro caminho. Vão achar estranho dois oficiais das forças armadas no meio de uma mata – disse eu.

– Não podemos voltar, não temos tempo para isso. Se seguirmos pelo outro caminho, levaremos mais de hora para chegarmos. Vamos continuar, confie em mim – disse ele.

Continuamos a caminhar, dessa vez mais vagarosamente. As vozes foram ficando mais claras e pudemos perceber risos. Então pudemos ver quem eram: três indivíduos, sentados em uma pedra. Estavam fumando um baseado e riam como hienas. Quando nos viram, levantaram de um pulo, assustados.

– O que vocês querem? – perguntou um deles.

– Só queremos passar, nada mais – respondeu Thiago.

– Não acredito em você! – disse o rapaz, sacando uma arma e apontando para nós. – Vocês irão nos prender! Onde estão os outros? – perguntou ele, olhando para os lados, bastante nervoso.

– Não há mais ninguém aqui, somos só nós dois – disse Thiago. – Não queremos nada de vocês, apenas queremos passar.

Thiago demonstrava uma calma e uma segurança impressionante. Eu já estava me borrando todo com aquela arma apontada para nós. Grande fim seria o nosso! Não havíamos nem sequer conseguido alcançar o planeta de Alexandre!

– É uma piada! O que dois oficiais estariam fazendo por aqui se não fosse para armar uma emboscada para nós?

– Você tem duas escolhas: pode nos matar, mas se tomar essa decisão tenha a certeza de que vocês pagarão por isso. Ou então, pode nos deixar passar para que possamos seguir nosso caminho. Temos coisa mais importante para fazer do que ficar atrás de vocês – afirmou Thiago.

O rapaz pareceu titubear e trocou olhares com seus outros colegas.

– Deixe-os ir! – disse outro indivíduo.

– Venha, Samuel! – disse Thiago me puxando pelo braço.

Passamos por eles e seguimos adiante. O rapaz com a arma na mão ainda tentou dizer alguma coisa, mas foi impedido por um de seus companheiros;

– Fique quieto! Vamos embora! Temos sorte de eles não quererem nos revistar!

– Sorte? Eu estava apontando para eles! Se eu quisesse era só mandar bala!

Ainda pudemos ouvir um pouco a discussão dos dois sujeitos, até nos distanciarmos do lugar.

– Acabo de ter certeza de uma coisa: você é louco! Você viu o jeito que você falou com aqueles caras? Poderíamos ter morrido! – exclamei.

– Em uma situação de perigo devemos ter cautela, mas também é necessário que sejamos firmes e não demonstremos insegurança. Eles não iriam fazer nada conosco, estavam mais assustados do que nós – disse Thiago.

– Não iriam fazer nada? Acho que iriam sim.

Thiago sorriu e apenas disse:

– Precisa confiar mais em si mesmo e nas coisas que não pode ver.

Continuamos caminhando e mais alguns metros adiante pudemos ver algumas casas. Entramos na parte "civilizada" da cidade. Não demorou muito para encontrarmos um ponto de taxi. Thiago disse ao motorista que queríamos ir ao aeroporto e meia hora depois já estávamos descendo do carro. Pude notar

Os Cristais Mágicos

o bolo de dinheiro que se encontrava na carteira de meu amigo ao pagar a corrida.

– Quanto você tem aí? – perguntei curioso.

– Acho que o suficiente para comprar um carro zero. Mas também tenho algumas notas do planeta de Alexandre. Talvez precisemos delas.

– Essas notas são falsas?

– Esse dinheiro é verdadeiro. Da última vez em que estive na Terra, tentando localizar Alexandre, aproveitei o tempo para ganhar uma grana em um cassino clandestino – respondeu Thiago.

– Cassino clandestino? – soltei uma risada. – Achei que vocês eram honestos.

– Não leve tudo ao pé da letra. Temos que fazer aquilo que é necessário, e eu estava precisando de dinheiro. Foi muito fácil enganar a roleta do cassino com um dos nossos aparelhos magnéticos. Assim, pude conseguir um dinheiro extra. Eles não enganam as pessoas que jogam? Pois então, agi da mesma forma contra eles – disse Thiago.

– Vejo que vocês também têm os seus truques.

– Segure, esses são seus documentos, coloque-os no bolso – disse Thiago entregando-me uma carteira. – Agora estamos entrando no aeroporto. Deixe que eu converse com a recepcionista, aja com naturalidade e mantenha a calma.

Caminhamos pelo aeroporto e por onde passávamos atraíamos olhares curiosos. Não estava nem um pouco a vontade com aquela roupa. Andamos vários metros até chegarmos ao setor de compra de passagens. Fiquei atrás de Thiago enquanto ele conversava com uma das senhoras do guichê.

– Somos oficiais da aeronáutica e precisamos embarcar urgentemente para o Peru. Qual o próximo vôo que vocês têm?

– Deixe-me ver. Bom, só vamos ter passagens pra daqui a três dias. Estão todas vendidas, sinto muito, senhor – respondeu a senhora.

– Acho que você não entendeu. É um caso de segurança nacional. Temos que embarcar o mais rápido possível. Quero falar com o gerente ou com alguma outra pessoa que possa facilitar a nossa viagem – disse Thiago seriamente.

Percebi pelo olhar da senhora que ela ficou um pouco assustada quando Thiago disse se tratar de segurança nacional.

– Aguarde um momento, vou chamar alguém para tratar disso com o senhor.

A senhora se levantou da cadeira e nos deixou a sós.

– O que está fazendo? Não sabe que podemos ser presos? – disse.

– Não diga uma só palavra, Samuel, há câmeras por todos os lados. Não vamos querer gerar desconfiança, não é mesmo? Olhe para frente e responda somente se lhe perguntarem alguma coisa– falou Thiago.

– Mas o que eu vou responder? Não sei nem o que vão me perguntar!

– Relaxa e deixe tudo comigo. Fique quieto, a senhora está voltando.

A mulher do guichê retornou acompanhada de outro senhor.

– Este é o senhor Henri, o major responsável por casos como esse – disse a senhora.

– Pois não, senhores. O que desejam? – perguntou o major, desconfiado, ao mesmo tempo em que fazia uma continência.

Retribuímos o gesto e Thiago respondeu:

– Eu sou o general Livieira e este é meu amigo, o major Lopes. Precisamos embarcar para o Peru imediatamente.

Percebi que Thiago dera exatamente o meu sobrenome de batismo: Lopes.

– Posso ver os documentos dos senhores? – perguntou o senhor.

– Mas é claro – disse Thiago, entregando a ele um papel que retirou da carteira.

Os Cristais Mágicos

135

O major revirou o documento de todos os lados, comparou a foto e, por fim, devolveu a Thiago. Em seguida, fazendo de tudo para controlar meu nervosismo, eu lhe entreguei o meu, que passou pela mesma inspeção. Eu estava suando frio e acho que isso não passou despercebido pelo major, que me olhou com certa estranheza.

– Poderiam me dizer o motivo dessa urgência? – perguntou o senhor.

– Infelizmente não podemos dizer, é uma questão sigilosa – respondeu Thiago.

– Está certo, general, não vou insistir. Mas acho que seu amigo não está bem. Vejo que ele está com uma aparência pálida. Há alguma coisa de errado com ele? – perguntou o major, um tanto desconfiado.

Eu procurava manter minhas mãos atrás das costas para que ele não percebesse que elas estavam tremendo, mas acho que não adiantou, por que minhas pernas também estavam tremendo, e essas eu não pude esconder.

– Nada muito grave. Ele está preocupado pelo fato de sua esposa estar internada, prestes a ganhar bebê. É claro que ele gostaria de estar com ela, mas estamos no meio de uma missão importante e não podemos interrompê-la. Não se preocupe, major Lopes, logo o hospital entrará em contato e você verá que tudo saiu perfeitamente bem – disse Thiago voltando-se para mim.

O senhor me olhou seriamente e pensei que ele não tivesse engolido aquela história. Mas para meu alívio, ele fez somente uma simples pergunta, que, mesmo assim, pegou-me desprevenido.

– Meus parabéns, major. Qual será o nome da criança? – perguntou.

– Bom, eu, ou melhor, nós, minha esposa e eu, estávamos pensando em Junior. Sim, Samuel Lopes Junior – disse gaguejando.

– Ah, muito bem, terá o mesmo nome que o pai.

– Isso mesmo.

O major ficou em silêncio mais alguns instantes, ainda analisando a situação, depois disse:

– Acabo de ser informado que temos dois lugares vagos no avião que está parado na plataforma G. Vocês devem se apressar. Aqui estão as passagens – disse o major, entregando a Thiago dois bilhetes.

Thiago pagou as passagens e com as devidas reverências nos afastamos do oficial.

– Foi mais fácil do que imaginei – disse eu. – Achei que seríamos descobertos.

– Você e suas inseguranças.

– Desculpe, quase estraguei tudo.

– Não importa, em alguns minutos já estaremos voando para o Peru. Viu como nossos uniformes ajudaram? Se não fosse por isso teríamos que esperar três dias para embarcar – disse Thiago.

– Sim, é verdade. Mas e aquela história de esposa e bebê? De onde você tirou essa ideia? Achei que vocês não mentiam – disse eu, rindo.

– Só fazemos isso em situação extrema – respondeu Thiago soltando uma gargalhada.

Pouco mais de meia hora estávamos dentro do avião, voando para o nosso destino. A gente se acomodou nos assentos e Thiago virou para o lado, adormecendo quase que instantaneamente. Antes disso, porém, aconselhou:

– Se eu fosse você, tentaria descansar e dormir um pouco. Não que isso seja imprescindível, mas temos pela frente umas cinco horas de viagem, o suficiente para tirarmos uma soneca e repormos as energias – disse ele, fechando os olhos.

Aquilo foi a melhor coisa que meu amigo poderia ter feito, e ele sabia disso. Uma enxurrada de acontecimentos surgiu de repente em minha vida e eu precisava de um tempo em silêncio, apenas com minhas reflexões, para digerir as recentes informações. Apesar de não existir mais em mim a angústia de horas

Os Cristais Mágicos

137

atrás, quando deixei Lana no laboratório, ainda me sentia confuso. Thiago agia de forma tão simples e decidida que fazia as coisas darem certo. Era inacreditável a maneira com que ele lidava com uma situação que, para mim, era de extremo risco. Primeiro, com aqueles indivíduos na mata. Eu fiquei apavorado, sem saber o que fazer, enquanto ele mostrou-se dono da situação, não vacilando um segundo sequer. Depois, com o major no aeroporto. Ele o convenceu de um jeito extraordinário. Thiago fazia com que as coisas acontecessem como se fossem mágicas.

Meu assento era o da janela e pude ver o "mapa" da cidade que se estendia diante de meus olhos. Jamais havia voado de avião, embora seja uma experiência que em nada se compare com a viagem para outra dimensão. Fiquei pensando em Lana. Será que eu realmente voltaria a vê-la algum dia? Ela me dissera que sim. Mas eu ainda tinha minhas dúvidas. Já que não era possível viver em Zeugma, será que eu poderia visitá-los de vez em quando? Pensando bem, essa não seria uma boa ideia. Eu veria Lana e todo aquele sentimento guardado dentro de mim surgiria sem que eu pudesse expressá-lo plenamente. E depois, haveria a separação mais uma vez. Não, eu não estava preparado para isso. Seria melhor esquecer Lana e não retornar nunca mais àquele planeta, eu sofreria menos.

Fiquei divagando em meus pensamentos por mais de hora. Pouco depois, uma aeromoça veio nos servir alguns aperitivos. Acordei Thiago, que comeu rapidamente e voltou a dormir. Eu, por minha vez, olhava pela janela e não conseguia enxergar coisa alguma, apenas nuvens. Ao meu lado, meu amigo permanecia em sono profundo. Meus olhos começaram a pesar e sem que eu percebesse, já estava cochilando. Vez ou outra acordava sonolento para logo voltar ao cochilo.

As quase cinco horas de viagem passaram-se tão depressa que quando me dei conta o avião já estava aterrissando. Abri os olhos vagarosamente e notei que Thiago já estava acordado.

– Vejo que está despertando – disse Thiago.

– Ah, sim. Nossa, já chegamos! Acho que dormi demais – falei.

– Dormiu o suficiente para repor as energias. Temos muito trabalho pela frente.

O avião pousou e desembarcamos em Cusco, no Peru.

– Temos que encontrar algum banheiro para trocarmos de roupa. Não vamos mais precisar desses uniformes – disse Thiago.

Descemos do avião e não constatei muita diferença do aeroporto do Brasil. O movimento de pessoas também era bastante intenso. Assim que avistamos um banheiro, entramos e vestimos roupas mais comuns.

– Agora sim, estou me sentindo melhor – disse.

– Imagino que sim. Venha, vamos pegar um taxi – falou Thiago.

– Pra onde vamos? – perguntei.

– Temos que chegar até um vilarejo, perto de algumas ruínas, em Machu Picchu.

Saímos do aeroporto e Thiago fez sinal para um taxi. Pouco mais de uma hora depois e meu amigo pediu para que o motorista parasse. Após pagar o homem e fechar a porta do carro despedindo-se dele, disse:

– Daqui para frente, teremos que ir a pé. Há um caminho estreito no meio das ruínas que torna impossível qualquer tentativa de avançarmos de automóvel – explicou.

Thiago mal havia acabado de pronunciar a última frase e cambaleou para o lado. Segurei-o pelo ombro. Ficamos parados por algum tempo, até ele se recompor.

– Você está bem? – perguntei.

– Já estou melhor. Não se preocupe, tenho essas tonturas de vez em quando – respondeu.

Iniciamos nossa jornada mais uma vez. Esperava eu que não tivéssemos que parar em mais nenhum outro lugar. O reló-

Os Cristais Mágicos

gio no meu pulso marcava quase cinco horas da tarde e muito em breve a noite iria cair.

– Daqui a pouco vai escurecer – disse eu, preocupado.

– Estamos quase chegando. Só mais alguns minutos. Você deve estar com fome, não é? A única coisa que comemos foram as torradinhas no avião – disse Thiago. – Poderíamos tomar uma dose daquelas ampolas na maleta, seria o suficiente para nos alimentarmos. Mas acho melhor esperarmos, meu amigo ancião faz uma sopa formidável. Aguente firme, logo chegaremos.

– Tudo bem – respondi.

Continuamos nossa caminhada, subindo um morro íngreme. Passávamos ao lado de diversas pedras sobrepostas umas às outras, formando as famosas ruínas, vestígios de uma construção bastante antiga.

– Este é o começo da cidade perdida dos Incas. Mais adiante existem edificações mais sólidas como templos, palácios, escadarias, fontes, praças, entre outros monumentos. Mas não vamos nos aprofundar nessa nova incursão, nossa jornada termina por aqui. A casa do ancião é aquela lá – disse Thiago apontando para uma cerca baixa.

Um pouco mais além da cerca dava-se para ver uma casinha simples, feita de tijolos de barro. Abrimos o pequeno portão e entramos no terreno do senhor.

Capítulo 14

A casa era bastante antiga. Feita de tijolos de barro, dava a impressão de estar há tempos desabitada, devido às telhas soltas que pude observar no telhado. Thiago começou a bater palmas e a chamar:

– Paulo! Paulo!

Não demorou muito até que a porta se abriu e surgiu um senhor de cabelos grisalhos encurvado para frente segurando uma bengala. O ancião esboçou um tímido sorriso e disse:

– Já estava esperando por vocês.

Eu fiquei surpreso com a declaração do velho. Thiago, porém, apenas olhou para mim e sorriu.

– Venham, meus amigos. Vamos entrando – disse o senhor.

Não houve cumprimentos, nem abraços ou aperto de mãos. O ancião nos deu passagem para entrarmos em sua casa e Thiago simplesmente tocou-lhe o ombro, em sinal de agradecimento, enquanto passava pelo umbral da porta. Meu amigo me indicou uma cadeira na sala para que eu me sentasse e acomodou-se em outra, ao meu lado. O velho fechou a porta e sentou-se, lentamente e com certa dificuldade, em uma poltrona a nossa frente.

Ficamos daquele jeito, em silêncio, por um bom tempo. Para mim, pareceu ser uma eternidade. Ninguém dizia uma só palavra e eu já estava ficando nervoso com aquela situação. Apenas nos olhávamos. Passei a examinar o ambiente, fazendo o possível para não encarar o ancião. Seus olhos eram enigmáticos e sentia como se estivessem perfurando-me o espírito, quando os direcionava para mim.

Assim que entrei, percebi uma porta nos fundos, embora não soubesse para onde ela levava. O sol tinha acabado de se por e a sala se encontrava em penumbra. Havia dois castiçais na parede com velas acesas, um de cada lado, o que me fez supor a inexistência de energia elétrica por aquelas bandas. No canto esquerdo, observei uma cama de solteiro desarrumada e, ao seu lado, um pequeno armário enferrujado. Do outro lado, havia uma pia, com uma torneira pingando. Próximo a ela, um fogãozinho a lenha e uma pequena mesa redonda. A situação da casa era precária, fiquei com pena do pobre ancião.

O velho estendeu o braço sobre uma cômoda que estava ao seu lado e lançou mão de um cachimbo. Acendeu-o com fósforo. Deu algumas baforadas e colocou-o de volta no lugar. Olhou para nós novamente e retirou do bolso o que pareceu ser um caderno de anotações. As páginas, amareladas pelo tempo, começaram a cair e, o ancião, com toda a paciência do mundo, organizou-as uma a uma. Então, ele abriu o caderno em uma página marcada e leu para nós:

> É chegada a hora da reparação.
> Os dois homens entraram na humilde casa e cearam com o pobre ancião.

O senhor lia perfeitamente bem, deixando apenas transparecer um leve sotaque peruano. Imediatamente interrompeu a leitura e levantou os olhos em nossa direção, como se estivesse nos incitando a prestar o máximo de atenção possível em suas palavras. Continuou:

Esta será a sua última missão: mostrar o caminho e entregar os escritos.
Os dois homem continuarão sozinhos, mas somente um retornará.
As pedras retornarão com ele e permanecerão seguras.
E o caminho assim oculto ficará.

O ancião fechou o livrinho e perguntou:

– Vocês reconhecem essa passagem?

Para mim, parecia um poema, ou algo assim. Porém, não me era em nada familiar. Foi Thiago quem respondeu:

– O texto fala sobre nós. A hora da reparação significa a recuperação dos cristais, ou pelo menos um, a do cristal azul, que leva ao planeta Terra. Samuel e eu somos os dois homens e você é o pobre ancião, que teria como última missão nos mostrar o portal para o mundo de Alexandre e nos entregar esse livro que acabou de ler. O texto diz também que somente um de nós retornará à Terra com os cristais, mas que eles ficarão a salvos.

Thiago percebera perfeitamente o significado dos escritos.

– É exatamente isso, Thiago. Você compreendeu, Samuel? – perguntou o ancião.

– Sim, eu entendi – respondi, sem deixar de reparar que o velho sabia meu nome.

– Esta é a profecia – disse o ancião levantando o livro nas mãos. – Este livro foi escrito há mais de um século. Na verdade, este aqui, que eu estou segurando, não é o original. É apenas uma tradução que fiz para o português há mais de quarenta anos. O original foi destruído, juntamente com minha aldeia. Foi meu avô quem o escreveu – o velho fez uma pausa e continuou: – Eu pertenço a uma aldeia que ficava ao norte de Cusco. Meu avô era o chefe de nossa comunidade. Grande conhecedor de forças ocultas e com o dom bastante apurado da clarividência, começou a anotar todas as suas visões, formando este livro de profecias. Em seu leito de morte, entregou-o a meu pai, que

Os Cristais Mágicos

143

passou a ocupar o seu lugar na aldeia. Anos depois, meu pai contraiu uma enfermidade e também faleceu. Então, eu passei a ser o líder de nossa aldeia. Mas desde a minha infância eu já vinha sendo preparado para ocupar esse lugar. Todo o conhecimento e toda a sabedoria de meus ancestrais foram passados para mim. Inclusive, o livro de profecias da aldeia, contendo todos os rituais e previsões, que estudei com bastante afinco. Ficava horas me dedicando a ele e ao seu significado. Estudei tanto que decorei quase todas as passagens. E como eu sabia que os dois homens que viriam conheciam o idioma português, decidi fazer uma breve tradução, apenas daquilo que fosse relevante para vocês e tivesse importância para o planeta como um todo. Conhecer e entender as profecias desse livro trouxe-me grandes perturbações. Por muitos anos permaneci recluso, somente atendendo os problemas mais graves da aldeia. Então, chegou o dia já profetizado e esperado por mim. Uma epidemia se apossou de nossa aldeia. Uma a uma, as pessoas foram morrendo, e eu nada podia fazer. Estava tudo escrito no livro, eu sabia o que ia acontecer. Mesmo assim, achei que podia haver uma esperança, que houvesse um modo de "enganar" a profecia. Com esse pensamento, arrumei minhas coisas e desci morro abaixo, para a cidade, em busca de ajuda. Consegui trazer um médico comigo, mas tinha sido tarde demais. Os dois dias que eu havia ficado fora foram o suficiente para que a aldeia toda fosse dizimada pela terrível doença. Pior do que isso: havíamos sido saqueados. Muitas de nossas ocas haviam sido queimadas pelos invasores. Impossível saber se as pessoas foram mortas pela doença ou exterminadas pelos bárbaros. Mas eu sabia a verdade, estava escrito no livro: "A dúvida sobre a morte daquelas pessoas reinará, mas a verdade é que não houve uma que não tivesse sido derrubada pela doença". A profecia era clara: todas haviam falecido antes da tomada de nossa comunidade. Encontrei vestígios do livro original escrito pelo meu avô em uma das ocas queimadas. Somente pude salvar sua tradução porque ela estava comigo. Fui a única pessoa não atingida pela enfermidade e, desde então, espero pelo dia de hoje.

O ancião fez uma pausa e continuou:

– Há algum tempo atrás, quando Thiago e seu amigo Rafael me procuraram, senti que os acontecimentos estavam próximos. Ajudei-os na criação do cristal branco. Porém, contei a eles sobre a profecia e sobre o que poderia ocorrer. Eles não me escutaram.

– Você estava certo, Paulo. Há muitas coisas que devem permanecer ocultas. Não estávamos preparados para essa descoberta. Quando Rafael e eu fazíamos a excursão aqui na Terra, em busca de outros portais, ficamos empolgados demais com nossa tarefa, esquecendo-nos completamente das consequências de tudo isso. Posso me lembrar até hoje quando um dos nossos aparelhos detectou um portal por aqui e, em busca dele, acabamos encontrando o senhor, que nos recebeu de forma bastante amigável. Admiro a maneira como agiu conosco, contando-nos sobre a profecia – disse Thiago, lamentando-se.

– Admito que fomos imprudentes. Mas agora queremos reparar nossa falha. Sei que já sabe o que viemos fazer aqui, mas mesmo assim, devemos nos curvar diante do senhor e pedir sua ajuda. Precisamos atravessar o portal até o planeta de Alexandre para recuperar os cristais que estão com ele.

– Sim, eu já sabia. Vou ajudá-los porque sei que a Terra corre perigo. Mas fiquem tranqui-los, a profecia diz que dará tudo certo – disse o ancião. – Vocês devem estar famintos. Vamos nos sentar à mesa, preparei algo para nós: sopa de mandioca!

O ancião levantou-se e fizemos o mesmo, carregando nossas cadeiras para a mesa. Ele nos serviu a sopa e comemos em silêncio. Não sei se era por eu estar com muita fome, mas Thiago tinha razão: a sopa estava formidável.

– Quando vocês voltarem do planeta de Alexandre, eu não

estarei mais aqui. O segredo do portal e o livro de profecias ficarão com aquele que retornar a esta casa – disse o velho.

– Mas somente um de nós voltará? – perguntei, bastante preocupado.

– Assim diz a profecia, meu jovem. Já está determinado. Entretanto, vocês devem procurar agir com naturalidade e não se preocupar com essa questão.

– Isso não vai ser muito fácil. Seria melhor que eu não soubesse disso.

– Você verá que para tudo existe uma explicação, mesmo que a gente não saiba no momento – disse o ancião.

Aquela revelação, que somente um de nós retornaria, deixou-me impressionado. Se fosse Thiago, o seria de mim? Eu morreria, perdido no planeta de Alexandre? E se somente eu retornasse? Pobre Thiago... Ele era meu amigo. A incerteza me consumia. Já não bastasse a angústia que sentia em relação a minha separação com Lana, agora havia mais esse problema.

– Samuel, você não deve deixar essa profecia atrapalhar nossa tarefa. Não queria dizer, mas muito provavelmente é você quem retornará. Estou contaminado e minha saúde está debilitada, não vou resistir por muito tempo – disse Thiago.

Então eu compreendi. Se pensássemos de uma maneira lógica, Thiago tinha razão. Fiquei visivelmente triste e abatido.

– Nós já sabíamos que isso ia acontecer. Saiba que o considero um verdadeiro amigo e peço que você não fique triste após minha partida. É apenas uma despedida, como alguém que vai viajar para outro país e lá permanecerá por algum tempo. A morte não é o fim e tenha a certeza de que ainda vamos nos reencontrar – disse Thiago.

Fiquei em silêncio. Não consegui dizer uma única palavra. Permanecemos assim, quietos, cada um com seus pensamentos, até terminarmos a sopa.

– Vocês precisam descansar. Vamos dormir um pouco e amanhã bem cedo levarei vocês até o portal – disse o ancião.

O senhor se levantou e retirou um colchão velho que se encontrava embaixo da cama.

– Um de vocês dormirá na cama e o outro no colchão. O banheiro fica lá fora, é só abrir a porta dos fundos. Não há iluminação por lá, então é melhor levarem uma dessas velas – falou o ancião.

–Você dormirá onde, Paulo? – perguntou Thiago.

– Não se preocupem comigo, não costumo dormir muito à noite. Ficarei na rede que está lá nos fundos.

Thiago e eu fomos ao banheiro e nos deitamos no local indicado pelo ancião, ele no colchão e eu na cama.

Não consegui dormir naquela noite. Rolei de um lado para outro na cama e diversas imagens indefinidas se formavam em minha mente. Em dado momento, surgia o rosto de Cibele, em outro, o de Lana. Thiago e também diversos vestígios de minha experiência em Zeugma ocupavam meus pensamentos. De cochilo em cochilo, as horas passaram-se e senti uma mão balançando meu ombro. Era Thiago.

–Vamos, já está na hora de levantarmos.

– Que horas são? – perguntei, sentando-me na cama.

– São mais de cinco da manhã. Venha, já está quase na hora de nossa partida. Coloque essas roupas, são as que se utilizam no planeta de Alexandre – disse Thiago, entregando-me as vestimentas em tom azul claro.

Não notei grandes diferenças quando as comparei com nossas roupas, apenas o tecido, que era bastante fino, parecido com nylon. Eu me vesti rapidamente e fui até o banheiro. Ao voltar, tomei um gole do chá que Paulo havia preparado.

– Está muito bom – elogiei.

– Obrigado pela gentileza. Este chá é feito com diversas ervas que atuam no sistema nervoso. Ele lhe trará tranquilidade para os acontecimentos que estão por vir – disse Paulo. – Beba tudo.

Terminamos o chá e Paulo disse:

– Peguem suas coisas, vou levá-los até o portal.

Seguramos nossas maletas e seguimos Paulo pela porta dos fundos. Já estava amanhecendo e pude observar melhor o cenário que se estendia. Além do pequeno cubículo que servia de banheiro, um extenso caminho de terra subia em direção a um morro, cercado por diversos tipos de vegetação. Ao nosso redor, muitas pedras, enormes, se erguiam. Não eram pedras comuns, colocadas ali por obra da natureza, mas tive a impressão de que algo havia sido organizado minuciosamente e que, por algum motivo, fora destruído e posto ao chão.

– Há milhares de anos isso tudo era uma cidade. É uma das muitas civilizações perdidas. Eles eram muito inteligentes e conheciam o portal que vou lhes mostrar – explicou Paulo.

Andamos mais uns cinco minutos e paramos em frente a uma parede de rocha maciça.

– Chegamos. Thiago já esteve aqui antes. Mostre ao Samuel a entrada para o portal – disse Paulo.

Thiago tateou a parede na lateral esquerda e encontrou uma imperceptível fenda entre as rochas.

– É aqui. Preciso de ajuda – disse ele.

– Isso mesmo. Vamos ajudá-lo, Samuel – disse o ancião.

Paulo me indicou o local correto e juntamente com Thiago empurrei a rocha para dentro. Formou-se um vão entre as duas pedras, suficiente para se passar uma pessoa.

– Thiago conhece o caminho. É só atravessarem para o outro lado – falou Paulo. – Foi um prazer conhecer vocês.

– Nós agradecemos imensamente sua ajuda – disse Thiago, ajoelhando-se e beijando a mão do ancião.

– Deixe disso, fiz o que devia ser feito.

Também agradeci a Paulo com um leve toque no ombro. Assim foi nossa despedida, rápida e sucinta.

– Não se esqueçam de empurrar a rocha de volta quando estiverem do outro lado – lembrou o velho.

– Não se preocupe, faremos isso – disse Thiago.

Entramos, primeiro Thiago, depois eu, pelo vão entre as pedras. Do outro lado, empurramos a rocha para o devido lugar. Havia algumas frestas e buracos nas paredes que não deixavam o ambiente completamente escuro.

– Temos que andar um pouco até chegarmos ao portal – disse Thiago.

Iniciamos nossa caminhada para o interior da montanha. Na medida em que nos aprofundávamos, o ar ia se tornando mais úmido e, em determinado ponto, senti que estava pisando em um chão molhado.

– Estamos pisando na água – disse preocupado.

– Sim, a água chegará até os nossos joelhos e andaremos mais um pouco desse jeito. Depois entraremos novamente em terra firme. – falou Thiago.

Caminhamos uns dez minutos nas águas e quase não enxergávamos nada. Estava me sentindo apavorado naquela penumbra.

– Tem certeza de que estamos no caminho certo? – perguntei.

– Tenho sim. Percebe? A água está diminuindo, já estamos chegando – respondeu Thiago.

Mais alguns metros e nos deparamos com uma parede a nossa frente. Estávamos sem saída. Achei que Thiago tinha se enganado, mas para minha surpresa ele disse:

– Venha, ajude-me a encontrar uma fenda na rocha.

Tateávamos a pedra em busca do que imaginei ser a nossa saída daquele terrível lugar.

– É aqui! – disse ele. – Antes de empurrarmos, deixe eu lhe falar algo. Não vamos poder ficar muito tempo juntos lá fora, pois serei localizado rapidamente através do rastreador em minha corrente sanguínea. Então, deixarei você escondido em um local seguro. Quando viemos aqui, Rafael e eu, localizamos uma casa abandonada e fizemos dela nosso esconderijo nos primeiros dias; nem mesmo Alexandre sabe de sua existência. Espero

Os Cristais Mágicos

149

que ela ainda esteja intacta, pois servirá de base para o nosso plano. Você ficará num espaço da casa em que ninguém poderá vê-lo e assistirá a toda a nossa negociação.

– Tudo bem – disse.

– Agora, ajude-me a empurrar.

Fizemos um pouco de força e a pedra se deslocou para fora. Passamos mais uma vez pelo estreito vão que se abriu. Do lado de fora, Thiago disse:

– Tem uma coisa que me preocupa.

Pela primeira vez via uma ruga se formando na testa de Thiago.

– O que é? – perguntei.

– Se for preciso, você terá força suficiente para empurrar essa pedra sozinho?

– Bom, eu não sei – respondi.

– Tente, vamos ver! – disse Thiago.

Coloquei a maleta no chão e com as duas mãos, empurrei com todas as minhas forças a rocha para dentro. Vagarosamente a pedra foi se movendo e, quando faltavam poucos centímetros para colocá-la no lugar, fui obrigado a parar e descansar um pouco. Após isso, continuei meu trabalho. Tarefa cumprida. Com grande esforço havia conseguido mover a rocha sozinho.

– Muito bem! Você está preparado, Samuel – disse Thiago.

Esbocei um estreito sorriso e no íntimo, senti certo orgulho de mim mesmo.

– Pronto, agora você já pode olhar para trás e me dizer o que acha do planeta de Alexandre – falou Thiago.

Foi só naquele momento que parei para observar aquele novo mundo. Estava tão ocupado em ajudar Thiago com a recolocação da pedra que havia me esquecido completamente que não estávamos mais na Terra.

Capítulo 15

Olhei para trás e fiquei bastante surpreso com o que vi. Não havia nada de tão excepcional como eu esperava. Nem parecia que eu me encontrava em outro planeta. As árvores, o solo, a montanha... Tudo muito normal para eu acreditar que estava em outra dimensão.

– Acho que não deu certo. Nós estamos na Terra! – disse, decepcionado.

– Sim, esse planeta é bem semelhante ao seu, mas não é a Terra.

– Não? Você tem certeza? – perguntei, incrédulo.

– Você teve essa impressão porque o estágio vibracional dos dois planetas é o mesmo. Mas você verá algumas singularidades, assim que começarmos a descer a colina, até a casa que lhe falei – disse Thiago. – Temos que nos apressar. Muito em breve serei localizado por Alexandre.

Ainda não estava acreditando que aquele planeta não era a Terra. Começamos a seguir por um caminho formado no meio da mata e após avançarmos um bom pedaço entre as árvores, pudemos avistar a casa que Thiago dissera.

– É aquela ali. Ainda bem que continua lá.

Thiago mal havia terminado a última frase e tombou para o lado, quase caindo. Segurei-o pelo braço.

– Está tudo bem? – perguntei.

– Já estou melhorando – respirou profundamente umas cinco vezes e tornou: – Estou me sentindo fraco. Sei que é consequência da grave doença que adquiri. Mas não se preocupe, terminarei a tarefa antes de partir, assim como diz a profecia.

– Não vai lhe acontecer nada, estaremos juntos – disse, animando-o.

Thiago apenas sorriu.

Até aquele instante, as árvores tapavam nossa visão, não deixando que víssemos boa parte do céu e do horizonte. Ao passarmos por elas, nossa vista se expandiu. Então pude ver que realmente estávamos em outro planeta. O céu... Estava cheio de... O que era aquilo? Diversos pontos luminosos que piscavam.

– Esses são os aviões deles. Na verdade, são naves. É uma outra tecnologia. A forma de se movimentarem é outra, conseguem ir muito mais rápido e também pairar no ar. Mas esses veículos não possuem a capacidade de sair da atmosfera do planeta, ainda lhes faltam conhecimentos para tanto – disse Thiago.

Mas aquilo não era nada comparado com o que vi mais adiante. Prédios enormes em estilo um tanto futurístico. Tinham o formato arredondado e se erguiam perdendo-se de vista. Estávamos bastante distantes deles, o que os deixava ainda mais imponentes.

– Você tinha razão. Não temos esses prédios na Terra – falei.

– É como eu disse: estão um pouco mais adiantados cientificamente do que vocês, porém espiritualmente possuem a mesma vibração.

Andáramos tão rápido e eu estava tão entretido com aquelas novas construções que só percebi a casa a nossa frente quando Thiago disse:

– Vamos entrar por esta porta, é a dos fundos. Lá na frente

existe a entrada principal.

Era uma casa comum, bastante parecida com as da Terra. Na verdade, era um salão, sem divisão alguma.

– Não sei por que construíram esse espaço. Há muito tempo está abandonado. Existe um fundo falso aqui na ponta que lhe servirá de esconderijo.

O chão era de tacos de madeira e Thiago levantou um deles.

– Está vendo? Você ficará seguro aí. Mas isso talvez nem seja necessário. Vou ficar lá fora, um pouco afastado da casa, quando Alexandre chegar. Você só precisará se esconder se de repente mandarem revistar a casa, o que acho difícil, pois vou procurar ser o mais convincente possível.

– Certo.

– Você ficará com a mochila, as maletas e com tudo o que elas contêm. Carregarei comigo um tubo transportador, um instrumento paralisador e um escudo protetor, talvez eu ainda tenha que usá-los. Também não posso esquecer a réplica do cristal amarelo – disse Thiago, verificando o bolso, – que é o principal. Coloque as maletas e a mochila no buraco do assoalho.

Fiz o que Thiago me dissera e ele me entregou o cristal verde.

– Esse é o verdadeiro. Se alguma coisa me acontecer, volte para Zeugma. Utilize o outro tubo transportador que está na maleta. Você já fez isso antes, sabe como deve ser feito. Ou então, se preferir, ainda existe o portal para a Terra, só que você terá que percorrer todo o caminho que fizemos até aqui. É você quem decidirá. Só peço que não permaneça neste mundo, é muito perigoso para você – advertiu Thiago.

Thiago caminhou em direção à porta e falou:

– Venha, você ficará posicionado aqui e poderá ver tudo. Aqui está o tradutor auricular. Coloque um em cada ouvido. Essa é a única forma de entender o que vamos falar. Esse aparelho pode captar vozes vindas de uma distância muito grande, só não sei se você será capaz de nos escutar estando aqui

Os Cristais Mágicos

153

dentro. Mas não importa; pelo meu sinal, você saberá se o plano deu certo ou não. De qualquer modo, utilize o tradutor por precaução.

Coloquei o instrumento e fiquei parado em frente uma janela circular. O vidro daquela janela era tão límpido que nem parecia que estava lá. Thiago me deu um abraço e disse:

– Cuide-se, meu amigo.

– Não se preocupe – disse, retribuindo o abraço. – E se eles não vierem ao nosso encontro? Vamos ficar aqui por quanto tempo?

– Eles virão, tenho certeza. Alexandre é inteligente, sabe que eu sei que estou sendo rastreado e que estou aqui exatamente para um encontro. Ele não vai perder tempo, logo estará aqui.

– Certo. Tome cuidado – disse.

– Não se preocupe. Tudo isso faz parte de um plano maior – disse Thiago, piscando um olho e saindo pela porta.

Thiago caminhou uns quinze metros e ficou parado próximo a uma árvore. Olhou para trás e percebi um estreito sorriso em seus lábios. Acho que tudo estava indo bem, de acordo com os planos.

Eu estava tenso, preocupado. Saí da janela e retirei as maletas do buraco do assoalho. Abri-as e verifiquei o conteúdo delas. Peguei o tubo transportador e coloquei no bolso. No outro bolso, guardei o cristal verde. Tremi só em pensar que segurava nas mãos algo tão importante e valioso. Não podia decepcionar meus amigos, teria que fazer as coisas direito. Coloquei novamente as maletas no lugar delas e fechei o buraco com o pedaço solto de assoalho. A sorte estava lançada!

Voltei para o meu posto na janela e esperei. Thiago continuava lá, parado, ao lado da árvore. Não demorou nem meia hora e percebi algo estranho. No céu, uma daquelas luzes que eu havia visto começou a se aproximar. Descia cada vez mais rápido. Era uma nave, em formato circular, com mais ou menos dez metros de diâmetro. Pairou no ar, a uma distância de cinco metros de Thiago. Então, no centro da nave, surgiu uma luz branca e dois homens desceram suavemente através dela, como se estivessem flutuando. Pisaram no chão, a poucos passos de Thiago. A luz que lhes serviu de transporte desapareceu, mas a nave continuou lá. Reconheci um dos homens: era Alexandre!

– Estava a nossa espera, Thiago? Sei que estava. Vamos, diga logo o que você quer! – disse Alexandre.

– Quero propor uma troca – disse Thiago, encarando os dois rapazinhos.

O aparelho em meus ouvidos chiava um pouco, acho que devido a eu estar longe da conversa. Mesmo assim, com algum esforço, conseguia entender o que diziam.

– Quero que vocês devolvam o cristal azul e o branco. Em troca, entregarei o cristal amarelo – falou Thiago.

O homenzinho que estava ao lado de Alexandre cochichou--lhe algo no ouvido.

– Não posso entender que vantagens vocês terão com essa troca – disse Alexandre. – O que tem de tão importante os cristais que estão com a gente?

– Queremos os cristais para inutilizá-los. Fomos longe demais com nossos experimentos. Estamos preocupados com a Terra e com o que vocês podem fazer para prejudicá-la.

– Ora, vamos fazer o mesmo que vocês: experimentos – disse Alexandre, soltando uma gargalhada.

– Vocês não sabem o quanto isso pode ser perigoso, tanto para a Terra quanto para o seu planeta.

– Não podemos utilizar o cristal azul, porém o amarelo ficará conosco. Não vamos usá-lo da mesma forma? – perguntou Alexandre.

– Vocês poderão fazer o que quiserem com o cristal amarelo. Sabem muito bem que esse cristal leva a um mundo muito superior, um mundo que não precisa de nossa ajuda. Além do mais, vocês poderão aprender muito com as pessoas daquele planeta. O cristal azul é diferente. A Terra ainda é um planeta em evolução, como o de vocês. Não podemos deixar que vocês o prejudiquem com seus experimentos – explicou Thiago.

Alexandre pensou um pouco e conversou bem baixinho com o outro homem ao lado.

– Não acreditamos em você. Achamos que está trapaceando. Como vamos saber se realmente vai nos entregar o cristal amarelo?

– Ele está aqui – disse Thiago, retirando o cristal amarelo do bolso e mostrando para eles.

– Acho que você é louco. Poderíamos muito bem tomar o cristal de você agora mesmo.

– Se eu fosse você não tentaria. Acha que eu estaria tranquilo desse jeito se não tivesse comigo outras pessoas dando-me cobertura? – disse Thiago.

Thiago realmente era louco! Blefava como ninguém. Os dois homenzinhos se entreolharam e pareceram um pouco preocupados. Então, Thiago deu a última cartada:

– Vocês sabem muito bem o quanto estamos adiantados cientificamente. Para nós, não seria difícil invadir este planeta e tomar aquilo que vocês nos roubaram. Apenas não queremos iniciar uma guerra. Por isso, estou dando a vocês uma opção pacífica: fiquem com o cristal amarelo e me entreguem o azul. Se quiserem, podem ficar com o branco também.

Senti que o clima estava ficando pesado. Thiago acabara de deixá-los sem saída. Foi um momento tenso. Alexandre se afastou um pouco com o outro senhor e conversaram por alguns segundos. Depois, voltaram.

– Concordamos em realizar a troca. Mas com uma condição: queremos segurar o cristal para ver se ele é mesmo verdadeiro – disse Alexandre.

Ao ouvir aquilo, gelei. Sabíamos que o cristal não era verdadeiro. Se Alexandre pusesse as mãos nele, estaria tudo acabado.

– Tudo bem. Mas eu também quero ver o cristal azul – disse

Thiago.

Eu não podia acreditar! Thiago ia mesmo entregar o cristal a eles.

O homenzinho olhou para Alexandre, que balançou a cabeça positivamente. Ele então retirou do bolso o cristal azul e entregou para Alexandre.

– Está aqui – disse Alexandre.

– Vamos agir com sensatez. Dê dois passos a frente e coloque o cristal azul no chão. Eu vou jogar para vocês o cristal amarelo – disse Thiago.

– Como posso saber que vai mesmo jogar o cristal? – perguntou Alexandre.

– Ora, não fui eu quem fez a proposta? Além disso, o cristal azul estará no chão, entre nós. Só vou pegá-lo depois que vocês verificarem o cristal amarelo. Dou minha palavra – disse Thiago.

– Tudo bem – falou Alexandre.

Fiquei apreensivo. E se Alexandre descobrisse que estávamos tentando enganá-los? De repente, veio-me à mente outro pensamento muito pior: e se o cristal azul não fosse verdadeiro? Nesse caso, o feitiço viraria contra o feiticeiro. Estaríamos perdidos de qualquer forma. Não, Thiago saberia se fosse falso.

Alexandre deu dois passos a frente e colocou o cristal azul no chão, voltando para o lugar.

– Agora nos dê o amarelo – disse Alexandre.

– Preciso olhar o cristal azul mais de perto para ter certeza de que é verdadeiro – disse Thiago.

– Não foi esse o combinado. Jogue o cristal amarelo ou nada feito – reclamou Alexandre.

Percebi que Thiago hesitava. Mas acabou cedendo. Ele jogou para Alexandre o cristal, que caiu bem direto em suas mãos.

Os dois homens reviraram o cristal. Verificaram de todas as formas possíveis sua autenticidade. Ao final, aconteceu o mais inesperado. Alexandre olhou para Thiago e sorriu.

Os Cristais Mágicos

– Sim, o cristal é verdadeiro – disse ele.

Inacreditável! Eles não haviam desconfiado de nada. E Alexandre continuou:

– Mas infelizmente não vou poder deixá-lo ficar com o cristal azul – disse Alexandre, ao mesmo tempo em que tirava do bolso aquela mesma arma que havia me paralisado na lanchonete e andava em direção ao cristal, que se encontrava no chão.

Thiago percebeu sua intenção de pegar de volta o cristal azul e mais do que depressa segurou o escudo protetor, fazendo o movimento necessário para se proteger. Imediatamente Alexandre e o outro homenzinho foram lançados uns seis metros ao solo. Formou-se um escudo circular invisível em volta de Thiago, com três metros de diâmetro, como havia dito João. Então, Thiago andou tranquilamente até o cristal e segurou-o nas mãos, examinando-o. Pelo sorriso em seu rosto, percebi que era verdadeiro.

Alexandre e o homem que estava com ele levantaram-se irritados e começaram a atirar. Da nave, que continuava parada, passaram a ser descarregadas sobre Thiago muitas luzes escuras. Imaginei que estavam tentando atingi-lo, quebrando a barreira invisível. O escudo, porém, impedia que o ferissem, permanecendo intacto.

Thiago olhou para cima e percebi sua intenção quando tirou do bolso o tubo transportador. Então, ele fixou os olhos em minha direção e quase imperceptivelmente me deu um sinal, balançando a cabeça. Ele iria voltar para a Terra com o cristal azul.

Entendi que deveria ir embora dali imediatamente. Saí da janela e peguei as maletas que estavam escondidas. Segurei o tubo transportador que se encontrava comigo e preparei o cristal verde. Iria voltar para Zeugma, como havia orientado Thiago. Dei, então, a minha última olhada pela janela. Thiago estava colocando o cristal azul no tubo transportador. Foi quando, mais uma vez, ele sentiu tonturas, e eu não estava lá para ajudá-lo. Caiu no chão e o tubo com o cristal rolou de sua mão.

Ouvi a risada de Alexandre, que dizia:

– Você não vai tirar os pés daqui, Thiago!

Meu primeiro impulso foi de sair da casa e ir até ele. Sabia que o escudo protetor não iria aguentar por muito tempo. Porém, fiquei imóvel, paralisado. Achei que Thiago estava desmaiado, mas para meu alívio, ele começou a se mexer. Ainda no chão, avançou um pouco para frente e segurou novamente o tubo transportador. Retirou o cristal azul e pronto: em poucos segundos ele havia desaparecido, levando consigo o escudo que o protegia.

Respirei aliviado. Agora poderia voltar para Zeugma. Então, ocorreu-me um pensamento: Thiago tinha voltado para a Terra e ele não estava nada bem. Não podia deixá-lo daquele jeito. Decidi que percorreria todo o caminho de volta para o portal que levava à Terra e ajudaria meu amigo. Foi naquele instante que escutei Alexandre dizer:

– Vamos verificar a casa. Quem sabe não encontramos alguma coisa por lá?

Gelei ao ouvir aquilo. Eles estavam vindo em minha direção. Rapidamente peguei as maletas e saí pela porta dos fundos. Consegui escapar sem que eles me vissem. Corri feito louco por entre as árvores, até encontrar a parede de rocha que me levaria ao portal. Procurei a fenda na pedra, como havia feito com Thiago. Não demorei muito para localizá-la. Com grande esforço consegui empurrá-la. Entrei em seguida pela cavidade e empurrei novamente a rocha para o lugar.

Andei por dentro da montanha com o coração na mão. Temia não encontrar o caminho de volta. Depois, tranquilizei-me: só existia uma passagem, não tinha como eu errar. Avancei com as águas até os joelhos e continuei, até esbarrar na parede de rocha, que indicava o fim do corredor. Tateei com as mãos em busca da rachadura e quando a encontrei, empurrei com toda a força. Saí da caverna. Sim, havia conseguido. Estava de volta ao planeta Terra!

Coloquei, com muito esforço, a rocha no lugar. Sabia que

Os Cristais Mágicos

Thiago tinha regressado à Terra, pois o cristal azul era o único que estava com ele. Calculei mais ou menos a distância e a direção que eu havia percorrido para chegar até o portal e fiz o mesmo caminho, só que agora, na Terra. Thiago deveria estar em algum lugar. Enquanto andava, ia gritando:

– Thiago! Thiago!

Já tinha andado uma boa parte quando vi um desfiladeiro na minha frente. Caminhei até sua ponta, o penhasco era grande. Não havia vegetação, apenas uma terra vermelha, seca. Olhei para baixo com toda a atenção, em busca de algo que pudesse indicar que Thiago estava por lá. Então eu vi: ele estava caído, deitado de bruços, não se mexia.

Deixei as duas maletas e a mochila escondidas em um arbusto e procurei um lugar para segurar e descer. Agarrei-me em algumas raízes de árvore e fui indo para baixo, bem devagar. Olhei em volta e não vi ninguém por perto. Quando cheguei até ele, virei seu rosto para cima. Estava todo ensanguentado. Foi muito doloroso ver aquilo. Tomei seu pulso e tive a certeza de que Thiago estava morto. Segurei sua mão nas minhas e chorei. Um choro sentido e angustiado. Meu amigo se fora. Embora eu soubesse que aquilo fosse acontecer, jamais havia imaginado que iria ser daquela forma. Thiago escolhera um local errado para abrir o portal e tinha sido transportado direto para o desfiladeiro. Talvez, se ele tivesse esperado Alexandre do outro lado, ainda estaria vivo.

Sua mão estava fechada, segurando o cristal azul. A dois passos de sua perna, vi o tubo transportador. Os outros instrumentos ainda se encontravam em seus bolsos. Tratei de recolher tudo que pudesse dar pistas da existência de algo que fosse absolutamente estranho para nós, terráqueos. Mas e Thiago? Não podia deixá-lo lá, daquele jeito.

Subi o penhasco com certa dificuldade e guardei os pertences de Thiago em uma das maletas, inclusive o cristal azul. Deixaria as maletas com o velho ancião e voltaria para cuidar do corpo de meu amigo.

Ao chegar à casa de Paulo, notei que ela estava vazia. Ele cumprira o que prometera: tinha ido embora. Mas pra onde? Eu não podia ficar esperando, alguém poderia ver o corpo de Thiago e chamar a polícia. Não desejava iniciar uma investigação nem levantar suspeitas. Eu mesmo faria seu enterro. Guardei as maletas em local seguro e peguei uma pá, que estava encostada na parede.

Enquanto cavava, fazendo um buraco no chão, um filme passou pela minha cabeça. Comecei a me lembrar dos acontecimentos que em tão pouco tempo haviam modificado a minha vida. Cibele e César haviam me enganado, isso era fato. No entanto, não sentia mais nada por eles, nem mesmo raiva. Não faziam mais parte de minha vida. Minha mente e meu coração estavam em outro lugar. Pensava em Lana e no profundo sentimento que ela havia despertado em mim. Pensava no que meu amigo, que agora se encontrava estendido ao chão, havia me ensinado a respeito de muitas coisas. Eu o admirava.

Procurei fazer tudo o mais rápido possível. Doía-me o coração ter que enterrar meu amigo. Mas eu não tive escolha. Fiz o que devia ser feito. Quando terminei, eu me ajoelhei e fiz uma oração. Pedi por ele e agradeci por tudo o que havia feito por mim. Então, peguei a pá e rumei para a casa do ancião.

Lá permaneci por dois dias, esperando por ele. Acabei por me convencer de que o ancião não mais voltaria. O pobre velho havia desaparecido. E eu me sentia perdido, não sabia o que fazer com os cristais nem com os instrumentos que estavam na maleta. Deveria voltar para Zeugma e devolver os cristais? A tentação era forte, voltaria a ver Lana, com certeza. Mas e depois? Despedida novamente. Não, não iria suportar mais uma separação.

O livro de profecias que o ancião havia deixado se encontrava sobre a cômoda, mas eu nem sequer tinha tocado nele. Durante os dois dias que se passaram, confesso que tive curiosidade em ler suas páginas. Talvez ele fosse me ajudar a tomar

Os Cristais Mágicos

161

uma decisão sobre o que fazer com os cristais. Entretanto, tive medo. E se estivesse escrito alguma coisa terrível que me deixasse em pânico? Ou maravilhosa demais que me causasse tanta ansiedade que, no final das contas, ao invés de me ajudar, acabaria me prejudicando.

Depois de muito pensar, tomei uma decisão. Não iria ficar ali esperando pelo ancião. Nem sabia se ele iria voltar. Esvaziei a mochila e coloquei todo o conteúdo das maletas nela. Levei as roupas de militares para fora, juntamente com as maletas vazias e o livro de profecias. Coloquei tudo no chão e armei uma fogueira. Ateei fogo, destruindo completamente aqueles objetos. Vi as páginas do livro virarem cinzas. Jamais saberia o que nele estava escrito. Era melhor assim. Como Thiago dissera uma vez: algumas coisas nasceram para permanecer ocultas.

Quando tudo havia sido queimado, peguei a mochila e fui andando até encontrar uma casa de modesto plantador de coca, que me indicou a direção da próxima parada do trem para Cuzco. Depois de longa espera, consegui embarcar e, chegando lá, dirigir-me ao aeroporto. Consegui um voo para Lima. Voltaria para o Brasil. Não foi difícil conseguir uma passagem de volta. Thiago havia me deixado um bom dinheiro.

Após horas de viagem, desembarquei totalmente esgotado e desanimado. Precisava recuperar meu carro, que estava na lanchonete. Ou melhor, já nem sabia mais se ele ainda estava lá. Antes, porém, era meu dever cuidar para que ninguém pusesse as mãos nos cristais nem nos instrumentos que tinham vindo de Zeugma.

Peguei um taxi, que me deixou próximo à cachoeira que havia nos servido de portal para a Terra. No caminho, pedi ao motorista que parasse em uma loja de materiais de construção para que eu pudesse comprar uma pá e uma caixa de metal. Ele estranhou, mas nada perguntou.

Chegando à cachoeira, marquei um lugar. Visualizei bem,

para que nunca mais pudesse esquecer o ponto exato em que cavaria. Depois de cavar quase dois metros de profundidade, coloquei todo o conteúdo da mochila dentro da caixa de metal. Com os cristais, tomei certo cuidado, envolvendo-os em um tecido antes de depositá-los na caixa. Desci no buraco e coloquei a caixa lá dentro. Joguei terra por cima, até tapá-lo por completo.

Pronto, estava tudo acabado! Nunca mais voltaria a Zeugma nem veria Lana. Sentia-me triste com aquele pensamento, mas sabia que era o mais correto a ser feito. Os cristais estavam em local seguro. A terra era fria, não haveria perigo dos cristais ficarem em contato com água a cem graus Celsius a ponto de os transportarem para outra dimensão. Quanto a mim, tentaria reconstruir minha vida, na Terra mesmo, como havia dito Lana. No fundo do coração, bem lá no fundo, ainda guardava sua promessa de um dia nos reencontrarmos, em outra época, em outro momento. Talvez, em outra dimensão.

Epílogo

Dois anos havia se passado e eu conseguira finalmente colocar minha vida nos eixos. É estranho quando paro pra pensar em tudo aquilo que me aconteceu em tão curto espaço de tempo. Só eu sabia o que tinha vivido até ali.

Logo depois que enterrei os cristais junto com todas as coisas que vieram de Zeugma, voltei à lanchonete para buscar meu carro. Ele estava para ser guinchado. Segundo o dono do estabelecimento, que me atendeu bastante irritado, o veículo se encontrava ali havia quase quatro dias. Desculpei-me com ele e até lhe dei um dinheiro a mais.

Entrei no carro e comecei a dirigir, sem perspectiva nenhuma. Ainda tinha uma boa quantia que Thiago havia me deixado, o suficiente para me manter durante mais de um mês. Naquela noite, resolvi pousar em um hotel e colocar minhas ideias em ordem. Tinha que recomeçar. A única coisa material que possuía de fato era o carro, nada mais. Minha conta no banco, que era conjunta com a Cibele, estava zerada. O apartamento era alugado e, provavelmente, não teria como pagar o próximo mês.

Então me passou pela cabeça algo que a princípio achei

absurdo. Na manhã seguinte retornei à empresa de embalagens que um dia havia sido minha. Engolindo o orgulho, falei com os dois senhores que a haviam comprado de César e pedi um emprego a eles. Depois de conversarem em particular por alguns minutos, disseram que me arrumariam o emprego, mas não seria lá. Os dois senhores tinham sociedade em uma firma no ramo imobiliário e afirmaram que eu poderia me dar bem na área administrativa.

Não foi difícil minha adaptação ao novo emprego e em pouco tempo eu me mudei de apartamento. Aluguei um menor e consequentemente mais barato. Não havia necessidade de mais espaço; afinal de contas, agora eu morava sozinho.

Há seis meses recebi uma ligação da Cibele. Estava revendo alguns papéis do serviço quando o celular tocou. Imediatamente reconheci sua voz.

– Samuel?

– Sim, sou eu.

Após alguns segundos de hesitação, ela continuou:

– É a Cibele.

– Eu sei – respondi.

Confesso que senti uma pequena pontada no coração ao ouvir sua voz. Apenas certa tristeza. Meu amor por ela há muito tempo já havia terminado e eu sabia que não tinha mais sentido algum continuarmos mantendo contato. Nem mesmo me importava com as possíveis explicações que ela poderia me dar.

– Bom, não sei nem o que dizer... Só queria saber como você está.

– Estou bem. E você? – perguntei.

– Bem. Estamos bem, César e eu – disse ela e, depois de um longo silêncio, continuou: – Espero que você possa um dia me perdoar.

– Não sou eu quem deve perdoá-la. Pra mim, o que aconteceu entre nós é como se fosse algo que li em algum livro, uma história, simplesmente, como qualquer outra. Estou conversando com você agora, mas não sinto mais emoção nenhuma, e é por isso que eu sei que o que passou não me afeta mais.

– Eu entendo.

– Preciso desligar. Tenho muito trabalho a fazer – disse, encerrando o assunto.

– Tudo bem. Podemos nos falar depois? – perguntou Cibele.

– Eu acredito que não. Você já fez suas escolhas – respondi.

– Eu compreendo – disse ela, desligando o telefone.

Foi assim nossa conversa: simples e rápida. Estava aliviado e contente com minha atitude. Aquela era a última prova que estava faltando para que eu me convencesse de que Cibele havia se tornado uma página virada em minha vida. Podemos dizer que fazemos isso ou aquilo, mas só nos conhecemos realmente e sabemos do que somos capazes quando nos vemos obrigados a agir com impulso. E é somente nessa hora, na hora H, que mostramos a essência do que na verdade somos. Naquele momento, eu soube que estava livre.

Dizem que cada um tem aquilo que merece. Nunca entendi realmente o significado desta frase. Por achar que sempre fui uma boa pessoa e por passar por algumas situações desagradáveis, pra não dizer injustas, recusava-me a aceitar essa verdade. Penso que é um pouco difícil entendê-la quando ainda estamos no meio do caminho. Muitas vezes achamos que não temos sorte, que as coisas nunca dão certo para nós. Pensamos que não há mais saída. Mas isso não é verdade. Se ainda não nos sentimos vitoriosos ou felizes, significa que não chegamos ao fim do caminho. Eu, pelo menos, prefiro acreditar assim: a luta só termina com a nossa vitória. Não há escapatória. Nossa tristeza e angústia fazem parte da jornada. Nossas derrotas fazem parte de nossa história de vida. Às vezes permanecem presentes por um longo período de tempo, mas apenas para nos lembrar um único pensamento: que ainda não vencemos. Estão presentes não para que as lamentemos, mas para nos lembrar de que a luta continua e que há muito trabalho a ser feito.

Recentemente passei a fazer parte de um grupo de voluntários que auxiliam diversas famílias em situação complicada, seja com cestas básicas ou simplesmente com conversas instrutivas, dando-lhes ânimo e consolo. Nós nos reunimos às terças e quintas e dividimos o atendimento. Quando vejo que existem pessoas que passaram por acontecimentos muito mais sérios na vida, em comparação com o que eu passei, sinto-me contente em poder ajudá-las e eu me esqueço, naquele instante, da parte triste que compõe a minha história.

Eu havia conseguido dar um novo rumo a minha vida e sentia-me, de certa forma, vitorioso. Por outro lado, ainda não estava completamente satisfeito. Eu enterrara os cristais e, com eles, o sonho de um dia reviver aqueles breves momentos em Zeugma. Lana permanecia firme em minhas lembranças, mais forte do que nunca, e eu sabia que minha história não acabava por ali.

OS CRISTAIS MÁGICOS
foi confeccionado em impressão digital, em maio de 2019
Conhecimento Editorial Ltda
(19) 3451-5440 — conhecimento@edconhecimento.com.br
Impresso em Super Snowbright 80g, Hellefoss AG